먹어본 자들이 알려주는 전국 맛 가이드!

맛있는 녀석들

이 책, 이렇게 활용하면 됩니다

❶ 가고 싶은 지역을 정하고 해당 페이지를 펼친다.
❷ 지역별 여행 가이드와 계절별 식자재, 대표 음식 등 정보를 얻는다.
❸ '맛있는 녀석들 맛보기 코너'로 넘어가 뚱4가 어떤 음식을 먹었는지 살펴본다.
❹ 중간중간 소개된 '맛있는 녀석들의 더 맛있는 TIP'을 통해 더 맛있게 먹는 방법을 익힌다.
❺ '비법노트'에 소개한 특별한 팁들을 읽으며 맛 여행을 계획해 본다.
❻ 여기까지 봤다면! 떠날 수 있는 자,
   맛있는 녀석들로 거듭나는 맛 여행길에 오른다.
❼ 아쉽게도 떠날 수 없는 자라면, '집에서도 한번 맛 내볼까?'에 소개된 재료를 적어 근처 마트에서 장을 본다.
❽ 간단한 레시피를 따라 맛있는 식탁을 완성한 후, 집에서 즐기는 맛 여행을 만끽한다.

 만화책처럼 생각하고 늦은 밤 읽다 보면 야식의 유혹을 피할 수 없음. 다이어트 완벽 방해물이니 주의 바람.

※ 일러두기
· 맛집 정보는 폐업, 위치 변경 등의 이유로 별도 수록하지 않았습니다.
· 소개된 음식은 방송 영상을 볼 수 있도록 QR코드를 넣었습니다.

먹어본 자들이 알려주는 전국 맛 가이드!

맛있는 녀석들

iHQ 미디어 지음 / 장형심 레시피 정리

BM 주식회사 도서출판 성안당

CONTENTS

- 10 INTRO 맛 좀 아는 녀석들! 뚱4
- 12 PROLOGUE 먹어본 자들이 알려주는 대한민국 맛 가이드

PART 1
서울&경기

- 16 도심 여행의 숨은 재미 찾기
  맛있는 녀석들 맛보기
- 19 서울 마포 / 고등어 김치찜 ⭐ 제작팀 PICK
- 21 경기 파주 / 감자탕
- 22 경기 안양 / 돈가스
- 23 서울 강남 / 새우
- 25 인천 남동 / 생 돼지갈비 ⭐ 제작팀 PICK
- 27 서울 동대문 / 청국장
- 29 경기 고양 / 게장
- 32 서울 강서 / 돼지갈비
- 34 경기 수원 / 묵은지 찜
- 36 서울 강북 / 떡볶이&분식
- 39 경기 동두천 / 피자
- 41 비법노트 _ 라면 비법
- 42 집에서도 한번 맛 내볼까?

PART 2
강원도

- 46　여름의 강원도는 해바라기 천국
　　　맛있는 녀석들 맛보기
- 49　　속초 / 생선구이&생선회
- 56　　춘천 / 막국수
- 59　　춘천 / 숯불닭갈비 ⭐제작팀 PICK
- 64　　속초 / 물곰탕 ⭐제작팀 PICK
- 67　　속초 / 대게찜
- 70　　인제 / 황태구이&매운탕
- 74　　정선 / 시골밥상
- 76　　속초 / 오징어순대&물회
- 80　비법노트 _ 해장 비법
- 82　집에서도 한번 맛 내볼까?

PART 3
대전&충청도

- 86　백제의 흔적을 따라 역사여행
　　　맛있는 녀석들 맛보기
- 89　　대전 유성구 / 묵밥
- 92　　대전 중구 / 두부두루치기 ⭐제작팀 PICK
- 94　　충남 논산 / 해물칼국수
- 96　　충남 홍성 / 한우
- 98　　충남 천안 / 병천순대 ⭐제작팀 PICK
- 100　 충남 태안 / 게국지&대하
- 104　비법노트 _ 면 비법
- 106　집에서도 한번 맛 내볼까?

PART 4
광주&전라도

110   아트 트립과 한옥체험으로 완성하는 전라도 여행
        맛있는 녀석들 맛보기
113   전북 전주 / 피순대
116   전북 전주 / 물갈비&전주비빔밥
122   전남 여수 / 갯장어
125   전남 광양 / 재첩국  제작팀 PICK
128   전남 광양 / 광양불고기
131   전남 완도 / 전복 미역국
133   전남 순천 / 짱뚱어 제작팀 PICK
135   전남 강진 / 남도 한정식
137   전북 군산 / 소고기뭇국&시래깃국&닭국
140   광주 / 떡갈비&오리탕
145   전남 목포 / 낙지탕탕이&병어찜

149   비법노트 _ 달걀 비법
152   집에서도 한번 맛 내볼까?

PART 5
부산&경상남도

156	풍성하고 화려한 경상남도의 가을 경치
	맛있는 녀석들 맛보기
159	부산 진구 / 돼지국밥
162	부산 동래 / 동래파전 제작팀 PICK
165	부산 동래 / 낙곱새
168	부산 영도 / 조개구이
171	부산 남구 / 밀면
173	부산 남구 / 양념 장어
176	경남 김해 / 구포국수&뒷고기
180	부산 해운대 / 대구탕&꼬치구이
184	경남 거제 / 거제 3미
188	경남 통영 / 충무김밥&다찌
194	경남 하동 / 은어&재첩 제작팀 PICK
200	비법노트 _ 여름 비법
202	집에서도 한번 맛 내볼까?

PART 6
대구&경상북도

- 206 뉴트로 여행의 최고봉, 대구
  맛있는 녀석들 맛보기
- 209 경북 포항 / 모리국수 ⭐ 제작팀 PICK
- 212 경북 포항 / 과메기
- 214 대구 중구 / 자장면
- 216 대구 중구 / 물냉면 ⭐ 제작팀 PICK
- 218 **비법노트** _ 겨울 비법
- 220 집에서도 한번 맛 내볼까?

PART 7
제주도

- 224 유채꽃, 벚꽃, 청보리까지 즐기는 4월의 제주여행
  맛있는 녀석들 맛보기
- 227 서귀포시 성산 / 성게미역국 ⭐ 제작팀 PICK
- 230 서귀포시 대포 / 흑돼지 근고기 ⭐ 제작팀 PICK
- 234 제주시 구좌 / 보말칼국수
- 237 서귀포시 서귀 / 튀김 유부 김밥&꽁치김밥
- 240 서귀포시 중문&안동 / 고기국수&갈치구이
- 244 **비법노트** _ 휴게소 맛 찾기
- 246 집에서도 한번 맛 내볼까?

INTRO

" 맛은 본능이다! "

본능적으로 음식의 맛을 캐치하는
본능내공 고단수! 유민상

" 맛은 과학이다! "

'더' 맛있게 먹는 연구만 37년째!
맛의 철학자! 김준현

" 맛은 마음이다! "

음식에 담은 정성까지 캐치하는
맘 여린 감동주의자! **김민경**

" 맛은 밥이다?! "

단언컨대, 밥은 최고의 보약!
일편단심 밥 마니아! **문세윤**

PROLOGUE

먹어본 자들이 알려주는 대한민국 맛 가이드

음식을 대하는 모습이 많이 달라졌다. 과거에는 가족이 식탁에 둘러앉아 집밥을 먹는 것이 일상적이었다면, 지금은 다양한 형태로 음식을 먹는 풍경을 쉽게 마주한다. 혼자 먹는 사람, 배달음식을 먹는 사람, 편의점에서 간편하게 음식을 조합해 먹는 사람, 전국 곳곳의 맛집만 다니는 사람까지. 수많은 사람들이 자기만의 스타일로 음식을 먹는다. 이런 변화에도 여전히 사람들은 '맛있는 음식을 먹는 것' 자체에 즐거움을 느낀다. <맛있는 녀석들>의 시작도 이 지점이었다.

솔직히 대한민국은 평균 이상의 맛을 자랑하는 맛집들이 즐비한 나라다. 어디를 가도 기본은 한다는 소리다. 그런데 우리는 더 맛있는 곳, 더 특별한 맛집을 늘 찾는다. 5년 전, <맛있는 녀석들>도 여기에 포인트를 두었다. 같은 음식도 좀 더 맛있는 곳에서 먹고, 같은 것을 먹어도 더 맛있게 먹고, 숨겨진 맛의 고수들을 세상에 알리는 것. 먹어본 자들이라면 같은 맛도 다르게 즐길 수 있다고 믿었다.

우리의 믿음은 많은 대중에게 통했다. <맛있는 녀석들>은 지난 5년간 많이 먹었고, 잘 먹었다. 대한민국 곳곳을 돌아다니며 맛 좀 아는 녀석들이 친절하게 고급 먹방을 선보였다. 본능적으로 맛있는 것을 찾아내고, 무려 때때로 맛없는 것(?)도 맛있게 먹는 방법까지 터득했다. 물론 음식만 먹은 것이 아니라 수많은 이들의 사랑까지 먹으며 자라났다.

<맛있는 녀석들> 5년 역사를 한눈에, 맛 좀 아는 녀석들과 떠나는 맛 여행!

그 사이 먹방 콘텐츠는 다양하게 변화했다. 인기도 꾸준하다. 먹는 것은 배를 불리는 것이 아니라 취미를 만들고 취향을 찾는 일이 되었다. 서울에서도 먹을 수 있지만, 부산에서 먹는 돼지국밥이 더 맛있는 것처럼 그 지역에서만 느낄 수 있는 분위기와 맛을 찾아 맛 여행을 떠나는 이들도 많아졌다. 맛있게 먹고, 신나게 먹기 위해 대한민국 곳곳을 여행한다. <맛있는 녀석들> 또한 5년째 그 여행을 함께해 왔다고 생각한다.

이 책에는 그 여행의 기록을 담았다. 단순히 맛집을 알리는 것이 아니라 대한민국에 어떤 음식들이 있는지 함께 나누고자 했다. 지역 특산물과 한 번쯤 먹어봐야 하는 음식, 지역별 여행 포인트를 더해 보고, 먹고, 즐길 수 있는 <맛있는 녀석들>만의 대동맛지도를 만들었다. 기억에 남는 음식들을 소개하고, 뚱4의 더 맛있게 먹는 팁도 알차게 넣었다. 마트에서 파는 레토르트 식품들을 조합해 맛있는 한 끼를 완성할 수 있는 레시피도 소개한다. 한마디로 '맛있는 녀석들'이 될 수 있는 비법서를 완성한 셈이다.

"맛있는 음식 앞에서는 이야기도 맛있다"

5년 전, <맛있는 녀석들>의 첫 촬영이 생각난다. 먹을 만큼 먹어보고, 맛집이라면 알 만큼 아는 MC들과 맛을 모르는 PD의 첫 만남. 맛있는 음식이 뭔지도 몰랐던 나는 1,300곳이 넘는 맛집을 찾아 헤매며 미각세포가 발전을 거듭했고, 맛의 세계에 완전히 빠져들었다. 덕분에 요즘, 그때는 알지 못했던 새로운 행복을 찾았다. 맛집을 찾아다니는 취미도 만들었다. 맛있는 곳을 발견했을 때의 기쁨과 새로운 맛을 접했을 때의 황홀함이 삶의 질을 한 층 높여줬다. 사랑하는 이들과 함께 보내는 시간도 당연히 늘어났고, 우리는 시시때때로 이야기를 나눈다. 그것도 아주 맛있게!

이 책이 더 많은 이들에게 내가 느낀 행복을 경험할 수 있게 해주는 매개체가 되어주길 바란다. 화장실에서 읽다가 불현듯, 침대에 누워서 보다가 갑자기 "맛있는 거 먹으러 가자"라고 외치게 되는 순간을 만났으면 좋겠다. 음식 하나에 각자가 가진 이야기를 꽃피우는 시간을 이 책과 함께 했으면 좋겠다. 그래서 더 많은 이들이 맛있는 음식을 먹으며 큰 소리로 웃게 되기를 진심으로 바라본다.

2020년 1월
영식이 형

도심 여행의
숨은 재미 찾기

　역사, 문화, 관광, 쇼핑, 체험 등 다양한 즐길 거리가 모여있는 서울&경기 지역. 이곳을 가장 쉽고 간편하게 여행하고 싶을 때는 시티투어버스를 타면 된다. 특별한 계획을 세우지 않아도 버스가 여러 여행지로 데려다준다. 서울 시티투어버스는 서울 파노라마 코스, 도심·고궁 코스, 야경 1층 코스, 야경 2층 코스 등 네 종류가 운행 중이다. 특히 서울 파노라마 코스는 트롤리버스를 타고 도심을 가로질러 남산에 올라 서울 풍경을 내려다 볼 수 있게 구성되어 인기가 많다. 이 밖에도 청계광장, 남산케이블카, 트릭아이미술관, 63스퀘어 등 서울 명소를 두루 둘러볼 수 있다. 서울에 살면서도 그냥 지나쳤던 모습을 새롭게 만나는 좋은 경험이 될 것이다.

　서울에서 경기도로 향할 때는 경의 중앙선이 제격이다. 서울을 사이에 두고 경기도 파주와 고양, 구리와 남양주, 양평 일대를 연결하는 경의중앙선은 가볍게 근교를 돌아보고 싶을 때 알맞은 여행수단이다. 이 외에도 서울과 경기를 당일치기로 여행할 수 있는 수단이 많으니 일단 떠나보자. 도심 여행도 우리가 알지 못했던 재미가 가득하다. 여기에 맛있는 음식까지 더하면 완벽하다.

서울&경기

서울은 예로부터 각 지역의 진상품이 올라오는 국가 수도였기에 좋은 식자재를 활용한 음식들이 다양하게 발달했다. 특히 꿩, 닭, 소, 천엽, 양 등의 고기류와 해삼, 새우, 전복 등의 해물류를 사용한 음식들이 많았다.

경기 지역은 워낙 여러 지역이 넓게 분포해 있기 때문에 재배되는 경작물도 다양했다. 특히 토질과 기후가 좋아 다른 지역에 비해 햅쌀의 수확 시기도 빠르고 맛도 좋았다. 밥류의 음식들이 발달한 것도 이와 연관이 있다.

9-10월 이천과 여주 쌀, 가평 잣, 연평 꽃게

♥ **이건 한번 먹어봐!**

서울 해물 반 파 반, 겉은 아삭 속은 부들부들한 해물파전, 초록빛 고추냉이 소스로 완성한 골뱅이 냉채

인천 닭다리 살을 비법 양념으로 숙성시켜 사골 국물로 끓여낸 닭갈비 부대찌개

★ **지역을 대표하는 음식**

밥류	약밥, 오곡밥, 장국밥
죽류	잣죽, 팥죽
떡류	단자, 우메기떡, 조랭이떡국, 화전, 개피떡, 송편
고기류	갈비찜, 장조림, 양지머리 편육
반찬류	깻잎장아찌, 무채, 오징어젓, 조기젓
김치류	나박김치, 석류 김치, 고구마 줄기 김치, 용인오이지
당과류	약과, 제호탕, 다식
음청류	구기자차, 배화채

대동맛지도

① 서울 마포	고등어 김치찜(19p) ⭐
② 경기 파주	감자탕(21p)
③ 경기 안양	돈가스(22p)
④ 서울 강남	새우(23p)
⑤ 인천 남동	생 돼지갈비(25p) ⭐
⑥ 서울 동대문	청국장(27p)
⑦ 경기 고양	게장(29p)
⑧ 서울 강서	돼지갈비(32p)
⑨ 경기 수원	묵은지 찜(34p)
⑩ 서울 강북	떡볶이&분식(36p)
⑪ 경기 동두천	피자(39p)

맛있는 녀석들 맛보기

서울 마포 55회

제작팀PICK

매콤하고 칼칼한
고등어 김치찜

잘 익은 김치 사이로 보이는
부드러운 살결!

경기 파주 55회

구수함과 쫄깃함의 끝판왕
감자탕

고소함을 더해줄 **콩비지토핑**

어마무시한 **이비주얼** 좀 보소

《야들야들》 《부들부들》

맛 정보!
지금도 전라도에서는 비빔밥을 주문하면 돼지 등뼈를 삶아 함께 제공한다고!

먹겠다는 의지가 있다면
위장은 더 커질 수 있다는 거야!

- 김준현 -

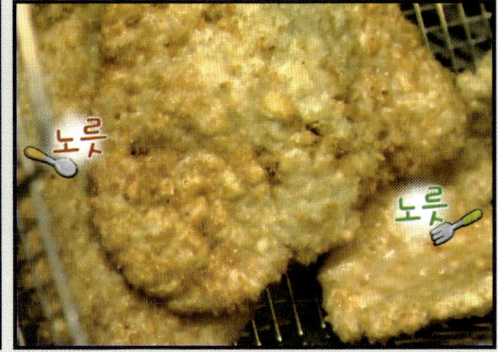

경기 안양 55회

엄마 생각나는 비주얼!
돈가스

엄마가 직접 튀겨주는 돈가스 느낌~♥

맛 정보!
근대화 시대 일본에서 개발된 음식
'돈가스'가 서양의 포크커틀릿 발음에서 유래했다는 설도 있음

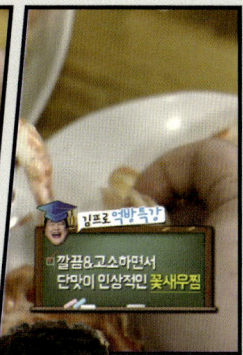

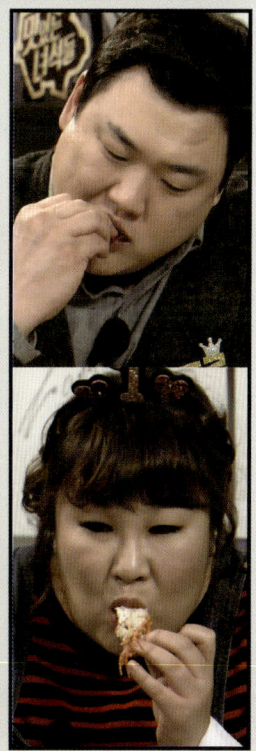

맛 정보!
고급 새우인 닭새우는 주로 생으로 먹거나 소금구이로! 단백질이 풍부하고 단맛이 높은 꽃새우 또한 생으로 먹거나 초밥 재료로 인기!

인천 남동 160회

제작팀 PICK

육즙이 촤~~~악
생 돼지갈비

지글 지글

인생은 고기서 고기다!

소름 돋게 무서운 아는 맛

서울&경기

내 손이
가는 곳이,
먹길이니라!

- 김준현 -

서울 동대문 160회

진한 구수함의 감동
청국장

지난 추억이 그대로 묻어 있는 **작은 골목길**

청국짱이다 👍

어릴 적 추억으로 남은 **할머니의 손맛처럼**

맛 정보!
바실러스균이 풍부한 청국장은 암과 동맥경화 예방에 효과적 섬유질이 풍부하여, 비만 및 변비 예방에도 good!

💖 맛깔난 나물 반찬에 청국장 한 국자~ 💖

생 돼지갈비 + 고추 장아찌

준현's Tip

1. 생 돼지갈비 위에 고추 장아찌를 올려 먹는다.

고추장아찌 국물에 적셔 먹으니 기가 막히다♥

젓갈 볶음밥 + 갈치속젓

준현's Tip

1. 젓갈 볶음밥에 갈치속젓을 추가해 깊은 풍미를 느낀다.

청국장 더 맛있게!

준현's Tip

1. 쌀밥에 새우젓 반찬을 먹고 청국장 한 입을 더한다.

아는 맛이니까 맛있는 거지!

세운's Tip

1. 청국장과 함께 흰쌀밥 한 술에 세 가지 반찬을 먹는다.

경기 고양 160회

대한민국 공식 밥도둑
게장

무시무시한 아는 맛의 습격

달큰X짭조름
간장게장

매콤
양념게장

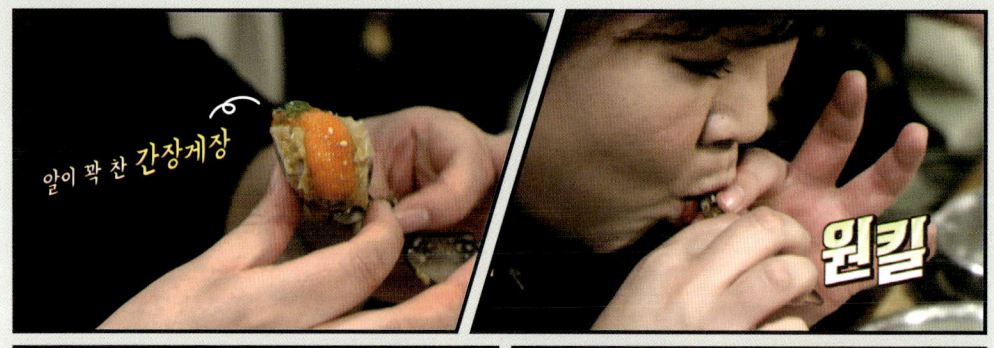

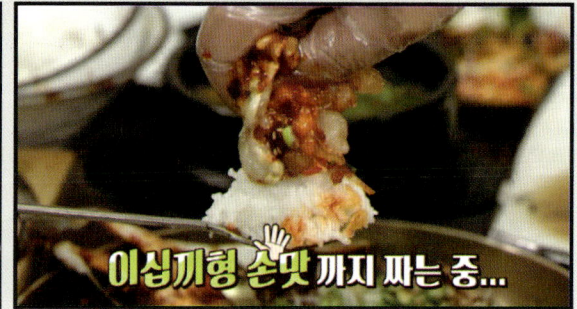

게장 주먹밥
민상's Tip
1. 흰쌀밥 안에 게장을 가득 넣고 주먹밥처럼 만들어 먹는다.

게장 간장에 적셔 먹기
준현's Tip
1. 게살 듬뿍 올린 흰쌀밥을 게장 간장에 적셔 먹는다.

게딱지 비빔밥+참기름
준현's Tip
1. 게딱지에 밥을 넣고 비빈 후 참기름 한 방울을 더해 먹는다.

4층 게장 밥 탑
세윤's Tip
1. 간장게장-> 흰쌀밥-> 김-> 양념게장 순으로 쌓아 한입에 먹는다.

서울 강서 198회

과하지도, 부족하지도 않은 적당한 감칠맛
돼지갈비

맛 정보!
근육 지방이 쫄깃쫄깃한 돼지갈비는 프라이팬이 아닌 숯불에 구워야 제맛! 직화로 구워 은은한 육향이 어우러져야 진짜 단맛을 느낄 수 있음

일 사 불 란

갈비축제

행복한 한입 쏘~~옥~!!

돼지라고
놀리지 말라.
너는
한 번이라도
맛있었던 적이
있었느냐.

- 유민상 -

경기 수원 198회

엄마 손맛의 진한 국물!
묵은지 찜

환상비율 돼지고기가 듬뿍 들어간 **묵은지 찜**

묵은지와 닭고기의 극적인 만남
닭고기 묵은지 찜

꿀맛 보장
꽁치 묵은지 찜

특급 분식 레시피
잡채 : 삶은 당면에 후추, 설탕, 간장으로 간하기
양파, 시금치, 당근, 소고기 등을 넣고 볶은 후 참기름을 넣어 무치면 완성
쫄면 : 삶아 건진 면 위에 직접 만든 쫄면 소스와 오이, 달걀 토핑을 올려 마무리

경기 동두천 199회

치즈 듬뿍 비주얼 갑
피자

모차렐라 치즈 & 하우다 치즈를 섞어 사용하여 치즈의 풍미와 풍부한 식감이 특징

맛 정보!
이탈리아식 피자는 미국식보다 사이즈가 작음
미국에서 피자는 나눠 먹는 음식이지만,
이탈리아에서는 혼자 가볍게 한 끼를 때우는 음식이기 때문

풍성한 토핑 한입 가득!!

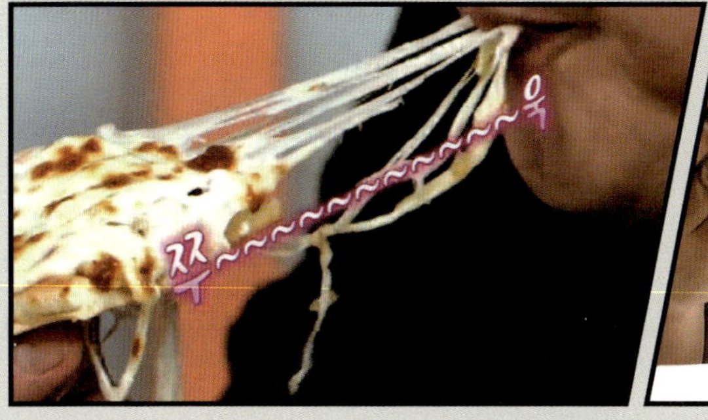

돼지갈비+무생채

세윤's Tip

1. 돼지갈비에 무생채를 곁들여 새콤달콤한 맛을 즐긴다.

장떡+달래 무침

세윤's Tip

1. 장떡에 달래 무침을 곁들여 매콤함에 향긋함을 추가한다.

돼지갈비 즐기기

준현's Tip

1. 돼지갈비 양념에 마늘을 넣고 끓여 "갈젓 스타일"로 즐긴다.
2. 끓인 돼지갈비 양념을 고기에 소스처럼 찍어 진한 양념 맛을 UP!

꽁치 묵은지 찜+김+밥

민경's Tip

1. 김에 밥, 꽁치, 묵은지를 넣어 풍성하게 싸 먹는다.

콤비네이션 피자+고추씨

민상's Tip

1. 콤비네이션 피자에 고추씨를 듬뿍 뿌려 매콤하게 즐긴다.

비법 노트

이십끼 형의 노트
라면 비법

3분 완성. 누가 끓여도 기본은 하는 메뉴, 라면! 그러나 먹어본 자들이 끓이면 라면도 달라진다. 라면 하나도 맛있는 녀석들 스타일로 끓여보자!

더욱 더 깊어진 맛의 시너지

라면+표고버섯

① 찬물에 건표고버섯과 건더기 수프를 먼저 넣고 육수를 우린다.
② 국물 색이 진해지면 면발을 넣는다.
③ 면이 다 익으면 분말 수프를 넣고 저어준 뒤 먹는다.

더욱 더 부드러운 라면의 맛

라면+치킨

① 라면을 먼저 끓인다.
② 라면이 살짝 익으면 먹다 남은 치킨 살을 발라 넣고 기호에 맞게 익혀 먹는다.

소시지와 면발의 콜라보

쏘야 볶음 라면

① 소시지와 야채를 먼저 볶아 향을 낸다.
② 라면 수프 1.5봉지와 케첩 8스푼, 물 1컵의 비율로 양념장을 만든다(라면 2개 기준).
③ 미리 삶아둔 면을 넣고 양념장을 둘러준다.
④ 재료들이 어우러지도록 한 번 더 볶은 후 먹는다.

왜인지 건강한 맛

라면죽

① 물이 끓으면 라면 수프와 면을 넣어준다.
② 라면이 끓으면 데우지 않은 즉석밥을 넣고 푹 익힌다.
③ 밥과 라면이 푹 퍼지면 달걀을 넣고 잘 섞은 후 먹는다.

집에서도 한번 맛 내볼까?

전국 맛집의 음식을 집에서도 손쉽게 만들 수 있는 맛있는 녀석들 혼밥 레시피.
1인용 레토르트 재료들을 잘 조합하면 한 그릇 맛집 음식을 완성할 수 있다.

감자탕

음식 재료

마트 감자탕,
마트 콩비지,
마트 묵은지,
대파 1/2개,
홍고추 1/2개

만드는 방법

❶ 마트에서 산 묵은지를 한번 씻어 준비한다.

❷ 냄비에 종이컵으로 두 컵 분량의 물을 넣고, 마트 감자탕을 넣어 함께 끓인다.

❸ 감자탕이 끓으면 씻어 놓은 묵은지를 넣고 중간 불로 한 번 더 끓여 준다.

❹ 대파는 길게 썰고, 홍고추는 어슷하게 썰어 둔다.

❺ 끓고 있는 감자탕에 콩비지를 한 컵 넣고, 대파와 홍고추를 넣어 한소끔 더 끓이면 완성.

청국장

음식 재료

마트 1인용 청국장,
마트 묵은지,
대파 1/3개,
청·홍고추 각 1/2개,
까나리 액젓 1/4 소주잔

만드는 방법

❶ 묵은지는 물에 깨끗이 씻은 후 작게 썰어 준비한다.

❷ 냄비에 썰어 놓은 묵은지와 마트에서 산 청국장을 넣고 볶아 낸다.

❸ 대파와 청·홍고추는 어슷하게 썰어둔다.

❹ 볶은 청국장에 까나리 액젓 1/4 소주잔과 종이컵으로 한 컵 분량의 물을 넣고 한 번 더 끓인다.

❺ 청국장에 대파와 청·홍고추를 올려 완성한다.

여름의 강원도는 해바라기 천국

강원도 하면 대부분 눈을 떠올리게 되지만, 숨겨진 의외의 모습들이 많다. 특히 매년 8월, 태백의 구와우마을에는 100만 송이가량의 해바라기가 핀다. 국내에서 해바라기가 가장 흐드러지게 피는 곳이다. 해발 850m인 이 일대는 본래 고랭지 배추밭이었지만 국내 최대의 해바라기 꽃밭으로 탈바꿈했다. 16만㎡의 구릉지에 가득 피어있는 해바라기는 그 모습만으로도 절경이다. 형식상 작은 밭, 큰 밭을 나눠놓았지만 산마루 따라, 샛길 따라 사방이 해바라기이니 여름날의 해바라기를 만끽하고 싶은 이들에게 제격이다.

해바라기와 더불어 여름의 강원도에서 빼놓을 수 없는 것이 해수욕장이다. 그중에서도 아는 사람들만 아껴두고 간다는 고성의 아야진 해수욕장을 추천한다. 마을의 산 모양이 한자 '야(也)'처럼 생겼다 하여 붙은 이름이다. 아직 비밀장소인 덕에 많은 사람이 몰리지 않아 극성수기에도 한가한 바다를 즐길 수 있다.

강원도

강원도는 크게 산과 바다, 두 지형으로 나눠서 특색을 살펴볼 수 있다. 바다 지형은 동해를 끼고 있어 생선 음식이 발달했다. 산을 중심으로 한 강원도 지역에서는 벼농사가 어려운 지형적 조건 때문에 감자, 옥수수로 지은 밥과 조, 찰수수 등 잡곡 음식, 산나물을 활용한 음식이 발전했다.

1-3월	평창 황태, 홍천 무청 시래기
4-6월	대관령 한우, 고성 취나물
7-9월	홍천 찰옥수수
10-12월	봉평 메밀, 강릉 명태와 명란젓

♥ 이건 한번 먹어봐!

속초	명태로 만든 명태식해, 오징어순대, 각종 젓갈류
고성	쌀가루에 잣을 갈아 쑨 금강 잣죽
인재	얼렸다 녹이기를 반복힌 황대로 만든 황태요리
춘천	선술집 술안주로 시작해 전국구 인기를 얻은 닭갈비와 막국수
정선	오일장으로 유명한 아리랑 시장에서 파는 향토음식 콧등치기 국수, 수수부꾸미, 올갱이 국수
원주	싸리 채반에 산채와 다양한 나물들이 담아져 나오는 강원도식 보리밥 한상차림

★ 지역을 대표하는 음식

밥류	감자밥, 곤드레나물밥, 옥수수밥
떡류	기장떡, 기장취떡, 감자 송편, 총떡, 댑싸리떡, 강냉이 백설기
전류	메밀전
반찬류	도토리묵, 옥수수범벅, 감자범벅, 감자수제비, 호박범벅, 막국수
김치류	동치미

대동맛지도

1	속초	생선구이&생선회(49p)	5	속초	대게찜(67p)
2	춘천	막국수(56p)	6	인제	황태구이&매운탕(70p)
3	춘천	숯불닭갈비(59p) ⭐	7	정선	시골밥상(74p)
4	속초	물곰탕(64p) ⭐	8	속초	오징어순대&물회(76p)

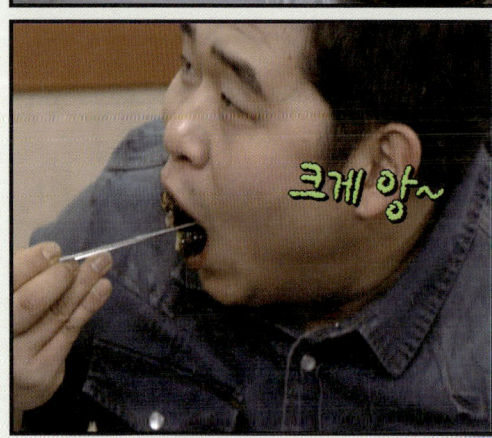

생선구이 맛있게 먹기 ★
1. 먼저 우윳빛 생선부터 먹는다(가자미, 임연수 등).
2. 붉은 생선을 먹는다(삼치, 열갱이 등).
3. 끝으로 등 푸른 생선을 먹는다(청어, 고등어 등).

생선은 통째로 잡고 뜯어야 제맛이지!

'하나 더~'를 부르는 메로의 맛

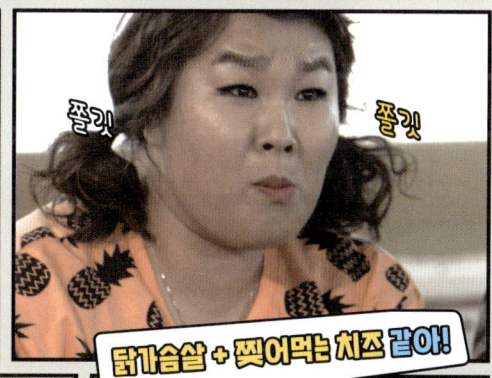

기름기가 많은 작은 생선군
등 푸른 청어

뼈가 같이 씹히는
오도독 도치

이제 **물회**를 먹어볼 차례

"향이 좋은 음식은 향을 한껏 즐기고 먹어라"

맛 정보!
물회는 어부들이 어선에서 먹던 음식으로, 회를 국처럼 먹기 위해 고안된 방식

전문가 포스 ~

물회 밥 먹는 노하우 ★
① 대접에 찬밥을 깔고 그 위에 물회를 부어준다.
② 밥알 하나하나에 물회가 잘 스며들도록 슥슥 비벼준다.
③ 크게 한 술 떠서 그대로 먹으면 끝!

춘천 130회

춘천의 대명사
막국수

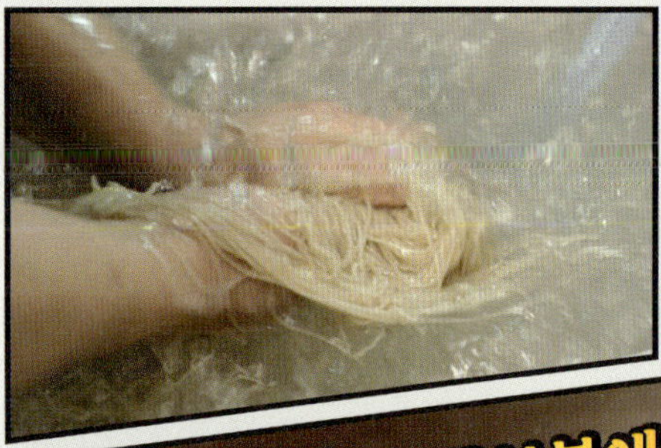

내 막국수!!!
막국수

삼삼하게 숨어있다가 끝부분에 진정한 맛 大 방출

맛 정보!
강원도 향토음식으로 원재료인 메밀을 껍질까지 막 갈았다고 해서 붙여진 이름 강원도에는 막국수체험 박물관도 있음

맛있는 녀석들의 더 맛있는 TIP!

막국수 — 준현's Tip
1. 막국수에 육수를 부어 양념장과 잘 비벼준 후 한 젓가락만 남기고 다 먹는다.
2. 찬밥과 생김, 참기름을 막국수에 넣고 쓱쓱 비벼 먹는다.

막국 4단 변신 — 세윤's Tip
1. 메밀면에 들기름만 넣어서 들기름 막국수로 향을 즐긴다.
2. 열무김치를 얹어 열무 막국수로 먹는다.
3. 양념장을 추가해 매콤한 비빔 막국수로 먹는다.
4. 차가운 육수를 부어 물 막국수로 마무리한다.

막국수+배 — 민상's Tip
1. 막국수 위에 고명으로 배를 올려 즐긴다.

막국수+편육 — 민경's Tip
1. 막국수와 편육을 함께 먹는다.

춘천 130회

제작팀 PICK

심쿵 비주얼
숯불닭갈비

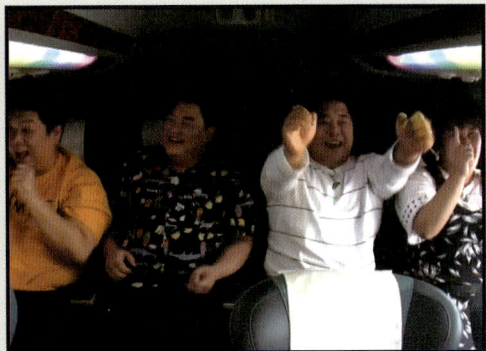

고추장 닭갈비

간장 닭갈비

숯불의 맛과 향을 곳곳에 새기다

입에 착착 감기는 매력의
구수한 옥수수 막걸리

항상 한 사람은
고기에
집중해야 한다.
- 김준현 -

숯불닭갈비+당귀

세윤's Tip

1. 상추에 당귀, 닭갈비, 마늘을 올려 싸 먹는다.

숯불닭갈비+삼각김밥

민상's Tip

1. 삼각김밥 틀에 밥을 넣고 닭갈비를 잘라 넣은 후 그 위를 밥으로 한 번 더 덮는다.
2. 밥에 참기름을 바른 후 꾹꾹 눌러 삼각김밥을 만든다.
3. 삼각김밥에 간장소스를 바른 후 숯불 불판 위에 올려 구워 먹는다.

숯불닭갈비+생김+부추겉절이

민상's Tip

1. 생김을 구운 후 숯불닭갈비와 부추겉절이를 함께 싸 먹는다.

숯불닭갈비+와사마요

민경's Tip

1. 마요네즈와 고추냉이를 2:1 비율로 섞어 만든 와사마요 소스에 닭갈비를 찍어 먹는다.

속초 132회

제작팀 PICK

속초의 대표 해장 메뉴

물곰탕

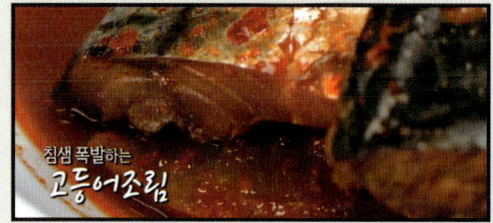

침샘 폭발하는
고등어조림

어묵감자볶음,

어묵감자볶음, 오이 무침,
꽈리고추 멸치볶음까지

> 이유 없는 반찬은 없다.
> 다 먹어야 한다.
> - 문세윤 -

단백질, 비타민, 아미노산 등 영양이 풍부
특히 해장에 제격!

동시 후루룩

입속직행

푸딩보다 부드러운 맛

맛 정보!
곰처럼 미련스럽고 통통하게 생겼다고 이름 붙여진 곰치과의 바닷물고기 물곰 물곰의 진짜 이름은 꼼치라는 사실!

물곰알

뱃사람 수제비 — 준현's Tip
1. 물곰탕에 묵은지, 데친 감자 수제비, 쑥갓을 넣고 푹 끓여 먹는다.

물곰탕+꽃새우 — 세윤's Tip
1. 물곰탕에 꽃새우를 함께 끓여 꽃새우의 향을 더해 즐긴다.

물곰탕+다진 마늘 — 민상's Tip
1. 물곰탕에 다진 마늘을 넣어 알싸하면서도 얼큰한 맛을 더해 먹는다.

물곰탕+밥+청어알 가리비 젓갈 — 민경's Tip
1. 물곰탕 국물에 적신 밥 위에 청어알 가리비 젓갈을 올려 먹는다.

준현's Tip — 대게 살+각종 소스
1. 타르타르 소스, 핫소스, 와사비+마요네즈 소스 등 각종 소스를 대게 살에 찍어 먹는다.

세윤's Tip — 누드 대게
1. 대게 속살을 발라 한곳에 모은 후, 게임을 해서 이긴 사람에게 대게 살을 몰아준다.

민상's Tip — 대게 살+시나몬 허니 버터
1. 시나몬 허니 버터를 녹인 후 대게 살을 푹 찍어 먹는다.

민경's Tip — 게살 피자
1. 토르티야에 피자 소스를 바르고 그 위에 대게 살과 콘샐러드를 올린다. 고소한 내장을 추가해도 OK!
2. 마무리로 치즈를 올린 후, 전자레인지에 돌려서 게살 피자로 만들어 즐긴다.

인제 137회
황태구이 & 매운탕

맑은 물이 흐르는 자연의 고장

황태구이 정식

리얼 푸짐
잡어 매운탕 등장!

맛있다를 100번 하고 싶다~!

국물이 구뜨~!

맛 정보!
잡어 매운탕은 민물에 사는 어린 생선을 다양하게 넣고 끓인 여름철 보양식!

황태구이+생 쪽파
준현's Tip
1. 황태구이와 생 쪽파를 함께 곁들여 향긋하고, 아삭하게 즐긴다.

치즈 황태구이
민상's Tip
1. 황태구이 위에 모차렐라 치즈를 잔뜩 얹어 전자레인지에 돌린다.
2. 치즈 위에 땅콩가루를 올려 먹는다.

어탕국수
세윤's Tip
1. 잡어 매운탕에 들어 있는 잡어를 건져 살만 발라낸다.
2. 생선 살과 소면을 그대로 국물에 넣어 걸쭉하게 먹는다.

잡어 매운탕+감자 만두
민경's Tip
1. 잡어 매운탕에 쫄깃한 감자 만두를 넣고, 끓여 먹는다.

정선 195회

시골밥상
(고추장찌개, 올갱이국, 감자옹심이, 떡)

피와 땀이 섞인 수확물
정성으로 지어진 밥상

고추장찌개
호박+감자+버섯+달래와
고추장을 넣어 걸쭉하게 끓임

아침

올갱이 해장국
정선 동강산 올갱이와 삶은 배추,
직접 만든 된장을 넣어 끓임

정성 가득 명품 오징어 순대

한입 가득 먹어도 부담스럽지 않은 육질

맛 정보!
오징어 몸통에 소고기, 숙주나물, 두부 등으로 만든 소를 넣고 찐 강원도 토속음식

푸짐한 양 감탄 중인 뚫4

크게 한 국자씩~

강원도

> 아무리 먹어도 배는 터지지 않는다.
>
> - 김민경 -

굶으면 위가 작아져서 더 못 먹어~!

밥+고추장찌개+반찬+참기름

준현's Tip

1. 기장밥에 고추장찌개, 각종 반찬, 참기름을 넣고 D.I.Y 비빔밥 스타일로 즐긴다.

감자옹심이+청양고추+밥

준현's Tip

1. 감자옹심이에 잘게 썬 청양고추를 듬뿍 넣고 국물에 밥을 말아 먹는다.

물회+생들기름

준현's Tip

1. 물회에 생들기름을 넣어 고소한 풍미를 추가해보자!

오징어순대+양념 게살장

민상's Tip

1. 오징어순대에 짭조름한 양념 게살장을 얹어 먹자!

비법 노트

막둥이의 노트
해장 비법

맛있는 녀석들만의 맛있게, 시원하게 해장하는 비법을 소개한다. 4명의 방법 중 스스로 맞는 해장법을 찾아보자.

민경's 맛있는 해장

참치김밥 + 마요 소스

① 참치김밥을 마요네즈 소스에 퐁당 찍어 먹는다.
② 채소기 듬뿍 들어간 김밥과 고소한 마요네즈 소스로 든든함 채우기!

민경's 맛있는 해장

제육 김밥 + 상추쌈

① 제육 김밥을 상추에 올려 상큼하게 싸 먹는다. (마요네즈 소스를 찍어 올려도 GOOD!)
② 제육 김밥 상추쌈으로 든든함과 수분 보충을 동시에!

해장엔 라면이 최고지~!

민상's 맛있는 해장

짬뽕라면 + 오징어 + 콩나물 + 대파

① 짬뽕라면에 생오징어와 콩나물, 대파를 넣어 끓여준다. 오징어&콩나물을 넣어 시원한 짬뽕 국물로 업그레이드!
② 새콤한 단무지까지 더하면 완벽한 리얼 짬뽕.

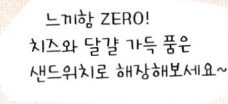

느끼함 ZERO!
치즈와 달걀 가득 품은
샌드위치로 해장해보세요~!

세윤's 맛있는 해장

반숙 치즈 해장 샌드위치
+
배 음료

① 구운 토스트에 크림치즈를 골고루 발라준다.
② 토마토, 베이컨, 구운 치즈, 반숙 달걀 프라이, 양상추를 올리고 취향에 따라 소스를 뿌려 샌드위치를 만든다.
③ 외국인도 인정한 배 음료와 함께 깔끔한 해장 마무리!

준현's 맛있는 해장

죽+젓갈

① 소고기 채소죽에 장조림 국물을 넣어 적당하게 간을 맞춘다.
② 조미 안 된 김 가루를 얹어 식감을 더한다.
③ 죽에 깻잎장아찌, 낙지 젓갈, 멍게 젓갈을 기호에 따라 올려 먹는다.

뚱MC's 맛있는 해장

아이스크림+에스프레소

① 쿨한 해장으로 아이스크림을 먹는다.
② 바닐라 아이스크림에 에스프레소를 부어 아포가토로 먹어도 GOOD!

집에서도 한번 맛 내볼까?

쌀쌀한 날씨에 온몸을 따뜻하게 데워줄 맛있는 찌개 한 그릇.
맛있는 녀석들이 감탄한 강원도 손맛 그대로 완성해 보자.

고추장 찌개

음식 재료

감자 1/2개, 호박 1/5개,
새송이버섯 1/2송이,
청·홍고추 각 1/2개,
다진 마늘 1/4 소주잔, 대파 1/3개,
마트 비빔장 1봉지, 소금 두 꼬집,
설탕 1/5 소주잔

만드는 방법

❶ 감자는 껍질을 벗기고 적당한 크기로 썰어, 물에 담근다.

❷ 호박은 반으로 잘라 반달이 뜬 모양으로 썬다.

❸ 새송이버섯은 먹기 좋게 자르고, 청·홍고추는 동글동글하게 썰어 준비한다.

❹ 냄비에 종이컵으로 세 컵 분량의 물을 넣고 끓이다가 감자를 먼저 넣는다.

❺ 충분히 끓으면 마트 비빔장과 썰어둔 호박을 넣고 끓인다.

❻ 버섯과 다진 마늘, 대파를 넣고 불을 줄여서 한 번 더 끓인 후 설탕 1/5 소주잔, 소금 두 꼬집을 넣어 간을 한다.

❼ 그릇에 담아 청·홍고추를 올려 마무리한다.

감자 옹심이

음식 재료

마트 감자전 가루,
멸치액젓 1/2 소주잔,
청·홍고추 각 1/2개,
대파 1/3개, 소금 두 꼬집,
다진 마늘 1/5 소주잔

만드는 방법

❶ 마트에서 산 감자전 가루에 소주잔 2잔 분량의 물을 넣고 골고루 섞어 반죽한다.

❷ 청·홍고추와 대파는 동글동글하게 썬다.

❸ 종이컵으로 세 컵 분량의 물을 냄비에 담고 멸치액젓 1/2 소주잔과 다진 마늘을 함께 넣어 끓인다.

❹ 감자전 가루 반죽을 동글동글하게 옹심이 모양으로 빚어 끓고 있는 육수에 넣는다.

❺ 감자옹심이가 익어 노랗게 변하면 대파와 소금 두 꼬집을 넣고 한 번 더 보글보글 끓인다.

❻ 그릇에 담아 청·홍고추를 올려주면 완성.

백제의 흔적을 따라
역사여행

공부의 도시답게 연구단지가 많은 대전은 특히 지구에 대해 다양하게 관찰하고 배울 수 있는 박물관과 연구센터들이 많다. 약간 생소하고 딱딱해 보이지만 신기한 것이 많은 지질 박물관부터 시민 천문대, 천연기념물센터, 창의발명체험관 등이 있어 눈길을 사로잡는다. 호기심 가득한 어린이부터, 새로운 콘텐츠를 좋아하는 어른까지 모두 만족할 여행을 계획할 수 있다.

여기에 충청도는 세계유산을 간직한 백제의 고도 공주가 있기 때문에 역사여행에도 제격이다. 475년부터 538년까지 64년에 걸쳐 백제의 도읍이었던 공주에서는 금강 자락의 공산성, 송산리 고분군과 무령왕릉, 고마나루 등 백제의 역사를 둘러볼 수 있다. 한옥마을에서 하룻밤 머무는 것도 완벽한 역사여행 분위기를 완성하기에 좋다.

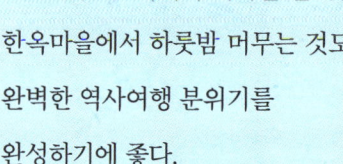

대전&충청도

충청도 음식은 전체적으로 검소하고 소박한 면이 있으나 영양적인 면에서 균형 잡혀있다는 특징을 가진다. 대전을 중심으로 남도와 북도로 나눠서 좀 더 살펴보자. 우선 남도는 서해와 인접해 있어 해산물 구매는 용이했으나 신선한 활어는 구하기 어려웠다. 때문에 주로 말린 생선을 이용한 음식과 해산물을 재료로 한 음식이 발달했다. 북도는 농업 위주의 생활을 해왔기 때문에 곡물을 재료로 한 음식이 발전했다.

1-3월	제천 잡곡
4-6월	홍천 새우젓, 청양 방울토마토, 제천 오미자, 보은 한우
7-9월	청양 고추, 금산 인삼, 공주 밤, 음성 복숭아와 수박, 단양 마늘, 보은 고구마
10-11월	서산 굴, 청양 구기자, 음성 인삼과 깻잎, 보은 대추

♥ 이건 한번 먹어봐

서산 색이 짙은 까만 굴로 만든 어리굴젓, 겨우내 담가두었던 게장에 밥 비빈 밥상, 신선내 물을 넣어 끓인 게국지

홍성 새조개를 이용한 맑은 국물의 샤부샤부

음성 푹 익혀 부드럽지만 쫀득한 닭고기 고유의 맛이 살아있는 누룽지 닭백숙

★ 지역을 대표하는 음식

밥류	콩나물밥
죽류	보리죽, 호박죽
떡류	장떡, 쇠머리 떡, 햇보리 떡, 도토리 떡
국 찌개류	청국장, 젓국찌개, 짜글이 찌개, 호박 찌개, 굴 냉국, 토장국
반찬류	굴 칼국수, 호박범벅, 밀국수, 마른 조갯살 조림, 담북장, 각색부각, 더덕 고추장 양념구이, 토굴 새우젓
김치류	열무 짠지, 알타리 동치미
음청류	복숭아 화채

대동맛지도

1. 대전 유성구 — 묵밥(89p)
2. 대전 중구 — 두부두루치기(92p) ⭐
3. 충남 논산 — 해물칼국수(94p)
4. 충남 홍성 — 한우(96p)
5. 충남 천안 — 병천순대(98p) ⭐
6. 충남 태안 — 게국지&대하(100p)

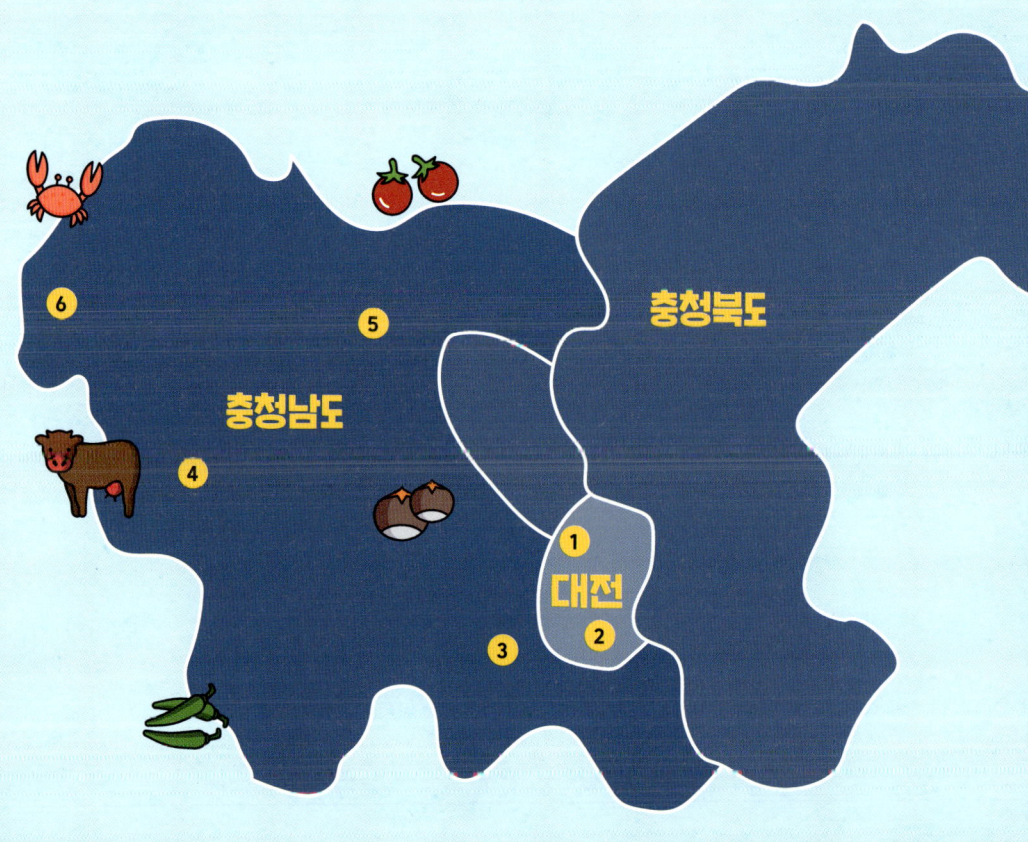

우리나라에만 있는 고유 식품으로 여름에는 시원하게~ 겨울에는 따뜻하게~ 다이어터들에게 강추!

맛있는 녀석들의 더 맛있는 TIP!

노각 비빔밥+묵밥 국물
준현's Tip
1. 보리밥에 노각(늙은 오이) 무침과 비빔 양념, 참기름을 넣고 비빈다.
2. 노각 비빔밥을 묵밥 국물과 함께 먹는다.

도토리 채소전+찹쌀 동동주
세율's Tip
1. 도토리 채소전과 찹쌀 동동주를 함께 먹는다.

묵밥+달걀지단
민상's Tip
1. 묵밥에 달걀지단을 고명으로 올려 함께 즐긴다.

묵밥+보리 누룽지
민경's Tip
1. 묵밥에 보리 누룽지를 넣은 후 김 가루와 깨를 뿌려 먹는다.

충남 논산 205회

담백하고 시원한
해물칼국수

충청남도 논산에 위치한 작은 행정구역 강경읍

굴이 듬뿍

홍합, 바지락, 오만둥이, 굴이 가득!

4~5시간 냉장 숙성시킨 밀가루 반죽으로 뽑은 면

멸치&다시마의 담백함과
해물의 시원함 GOOD!

걸쭉이 한입~!

맛 정보!

지방마다 다른 칼국수 육수!
농촌 지방은 닭 또는 꿩으로 진한 육수를, 산간 지방은 말린 멸치를 기반으로 시원하면서 개운한 육수를, 해안 지방은 바지락과 갖은 해물로 깔끔하고 담백한 맛의 육수를 자랑

충남 홍성 205회

육즙이 쫘악~ 찬양하라!
한우

충남 천안 226회

제작팀 PICK

천안을 대표하는 맛
병천순대

내 인생 마지막 날 병천순대 먹을 것!

많은 초이스를 사용해
부드러움 UP!

맛 정보!
50년 전, 천안 병천에 햄 공장이 생김
육가공 과정에서 남는 돼지 부산물을 처리하기 위해 순대가 발달
누린내가 적고, 담백하고 깊은 맛이 특징

아... 정말 맛있다

충남 태안 245회

게국지 & 대하

붉은 낙조가 아름다운 **태안**

태안의 향토음식 **게국지**

게장 젓국으로 담근 겉절이에
꽃게, 굴, 민물새우, 오만둥이를 넣고 끓여내면 완성!

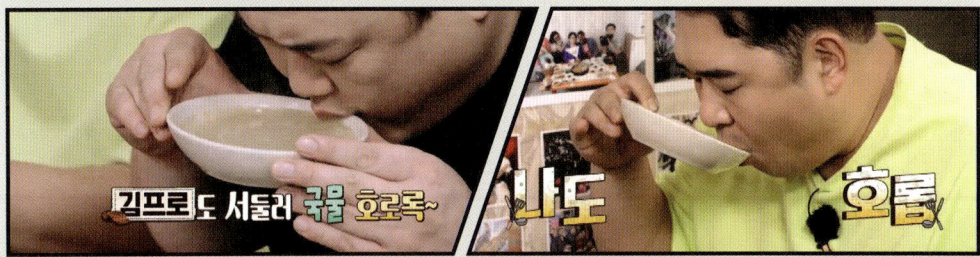

맛있는 녀석들의 더 맛있는 TIP!

대하 샐러드 +바게트

1. 구운 대하의 껍질을 제거해 찬물에 넣어둔다.
2. 루꼴라, 모둠 채소 등 갖가지 채소와 얼음물에 담가뒀던 대하를 넣고 소금과 후추를 뿌린다.
3. 발사믹 식초와 엑스트라 버진 올리브 오일, 레몬즙을 넣는다.
4. 리코타 치즈와 파르메산 치즈로 마무리한다. 마늘 바게트와 같이 먹어도 잘 어울려!

호현's Tip

대하 버거

1. 모닝빵을 반으로 가른 후 머리와 꼬리를 제거한 대하 튀김과 양상추, 달걀 샐러드를 넣는다.
2. 취향에 맞는 소스를 뿌려 먹으면 꿀맛!

민경's Tip

치즈 퐁듀

1. 대하 튀김을 녹인 치즈에 퐁듀처럼 찍어 먹자.

민상's Tip

소떡새

1. 소시지, 떡, 대하 튀김을 나무 꼬치에 끼운 후 떡꼬치 소스를 바르면 완성!

세윤's Tip

비법 노트
김프로의 노트
면 비법

면치기, 면 흡입하기 등 수많은 수식어를 낳은 맛있는 녀석들의 면사랑. 이렇게 좋아하는 음식이니 특별한 맛 노하우를 가지고 있는 것도 당연하다.

진주냉면

역사의 맛을 지닌
진주냉면

준현's 진주냉면 맛있게 먹는 TIP

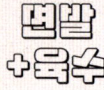

면발
+육수

① 면치기의 대가, 김준현의 일명 '냉면 의식'. 면발을 머금은 채, 육수를 들이켜 육수와 면발의 조화를 즐긴다.

세윤's 진주냉면 맛있게 먹는 TIP

**진주 비빔냉면
+메밀전병**

① 매콤한 비빔냉면에 고소한 메밀전병을 곁들인다.

민상's 진주냉면 맛있게 먹는 TIP

**진주 비빔냉면
+돼지갈비**

① 비빔냉면에 돼지갈비를 곁들여 매콤달달하게 즐긴다.

안녕! 나 김준면이야.

최고의 면 맛을 볼 수 있는 노하우를 알려주지!

마라 국수

세울's 마라 국수 맛있게 먹는 TIP

마라 국수 +마유+라유

① 마라 국수에 마유, 라유를 추가해 취향대로 매운 맛을 즐긴다.

평양냉면

민경's 평양냉면 맛있게 먹는 TIP

평양식 꿩 냉면 +배추김치

① 평양식 꿩 냉면에 숙성한 배추김치를 얹어 먹자!

비빔냉면

민경's 비빔냉면 맛있게 먹는 TIP

냉면 비빔밥

① 남은 비빔냉면에 식은 밥을 넣어 비빔밥 스타일로 즐기자!

집에서도 한번 맛 내볼까?

심심하지만 중독성 강한 충청도 음식 한 그릇도 아주 간단한 방법으로 만들어 낼 수 있으니, 도전해보자.

묵밥

음식 재료

묵 1/3개, 마트 볶은 김치 1인용, 봉지 김, 마트 냉면 육수 1봉지, 오이 1/3개, 식초 1/5 소주잔, 통깨 두 꼬집, 설탕 1/5 소주잔, 참기름 1작은술

만드는 방법

❶ 묵을 길쭉한 형태로 썰어 준비한다.

❷ 볶은 김치는 물기를 짜내고 설탕 1/5 소주잔, 참기름 1작은술을 넣고 조물조물 무친다

❸ 오이는 채를 썬다.

❹ 냉면 육수에 식초와 설탕을 넣고 잘 저어서 상큼한 육수를 만든다.

❺ 먹기 좋게 썬 묵 위에 무쳐 놓은 김치, 채 썬 오이, 김 기루, 통깨를 나린히 올린 후 준비해 놓은 육수를 부어 완성한다.

해물칼국수

음식 재료

마트 찌개용 해물, 칼국수면 1봉지(1인분), 대파 1/3개, 당근 1/5개, 양파 1/6개, 호박 1/5개, 멸치액젓 1/2 소주잔, 다진 마늘 1/4 소주잔, 소금 두 꼬집

만드는 방법

❶ 마트에서 산 찌개용 해물은 깨끗이 씻은 후 체에 밭쳐 물기를 빼준다.

❷ 양파는 길게 썰고, 당근은 납작하게 썰어 준다. 호박은 반으로 잘라 반달 모양으로 썰고, 대파는 길쭉하게 썬다.

❸ 냄비에 종이컵으로 다섯 컵 분량의 물을 넣고 끓인다. 물이 끓으면 준비한 해물을 넣는다.

❹ 해물이 익으면 칼국수 면과 썰어 둔 양파, 호박, 당근을 넣고 다시 끓인다.

❺ 멸치액젓과 소금으로 간을 맞춘 후 대파와 다진 마늘을 넣어 한 번 더 끓여 완성한다.

PART 4

맛있는 녀석들
광주 & 전라도
Gwangju & Jeolla-do

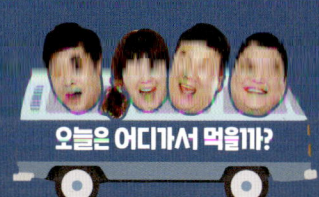

아트 트립과 한옥체험으로
완성하는 전라도 여행

　광주는 예부터 예술이 꽃피고, 모두가 예술을 향유하며 살아 예향이라 불렸다. 그 때문에 예향 광주를 만끽할 수 있는 아트 트립을 소개하고자 한다. 매년 2월이면, 광주시립미술관을 시작으로 크고 작은 미술관이 새로운 전시를 선보인다. 특히 증심사 아래 위치한 운림동은 서너 개의 미술관이 모여있어 '운림동 미술관 거리'라고 불리니 아트 트립의 출발지로 제격이다. 국윤미술관, 의재미술관, 무등현대미술관, 우제길미술관 등 볼거리가 가득하다. 미술관을 충분히 즐긴 후에는 '1913 송정역 시장'으로 향하면 된다. 푸드 트럭이나 판매대가 복잡하게 얽힌 다른 야시장과 달리 독특한 디자인의 상점들이 깔끔하게 자리 잡은 곳이다. 책방부터 양조장까지 다양하니 보고, 먹고, 즐기기에 안성맞춤이다.

　전라도 여행에서 수백 채의 한옥이 모여 있는 전주 한옥마을도 빼놓을 수 없다. 특히 따뜻한 온돌 아랫목에서의 하룻밤은 놓칠 수 없는 즐거움이다. 여기에 찐 감자, 군고구마, 귤 등 맛있는 먹거리가 함께라면 완벽하다.

광주&전라도

광주, 전주를 중심으로 음식이 발달한 전라도. 풍부한 식자재를 활용할 수 있어 수도권과 비교해도 뒤지지 않을 정도로 화려한 식문화를 자랑한다. 약간 더운 기후의 영향으로 음식의 간이 강하고, 젓갈을 이용한 음식이 많은 것도 특징이다.

1-3월	김제 감자, 장수 토마토, 신안 시금치, 진도 울금
4-6월	군산 가지, 광주 새싹채소, 함평 한우, 신안 마늘, 진도 대파
7-9월	군산 찰보리, 김제 캠벨포도, 고창 수박, 광주 토마토, 함평 단호박, 신안 무화과, 무안 양파
10-11월	군산 울외장아찌와 마른 꽃새우, 김제 찹쌀 보리, 고창 땅콩, 광주 가지, 무안 고구마

♥ 이건 한번 먹어봐!

- **전주** 소고기 고추장이 더해진 비빔밥과 콩나물국
- **광주** 애지찜, 우리탕 **여수** 시대회무침과 시대찜
- **광양** 석쇠를 이용해 구운 불고기, 닭숯불구이
- **목포** 세발낙지도 품인 낙시탕, 묵은지에 싦은 돼지고기와 삭힌 홍어를 돌린 홍어삼합
- **순천** 돼지 머리고기를 넣어 끓인 60년 전통의 웃장 국밥
- **완도** 청정 지역에서 난 해초를 이용한 해초 비빔밥과 뚝배기 김국
- **함평** 고추장 양념장과 참기름이 맛있는 생고기 비빔밥
- **군산** 신선한 회가 어우러지는 생선회 한상차림

★ 지역을 대표하는 음식

죽류	전복죽
떡류	광양 기장떡, 매화 빵
국 찌개류	오모가리탕, 생선 미역국, 고재비국, 매생이 떡국, 매생이국
반찬류	황포묵, 꽃게 장, 참게장, 간장게장, 굴젓, 조개젓, 마늘 고추장, 지주식김, 홍어 찜, 전복물회, 전복 찜
김치류	돌산 갓김치, 돌산 갓 오이 쌈 김치, 돌산 갓 총각김치, 고들빼기, 굴 깍두기, 파래 김치

대동맛지도

1. 전북 전주 — 피순대 (113p)
2. 전북 전주 — 물갈비&전주비빔밥 (116p)
3. 전남 여수 — 갯장어 (122p)
4. 전남 광양 — 재첩국 (125p) ⭐
5. 전남 광양 — 광양불고기 (128p)
6. 전남 완도 — 전복 미역국 (131p)
7. 전남 순천 — 짱뚱어 (133p) ⭐
8. 전남 강진 — 남도 한정식 (135p)
9. 전북 군산 — 소고기뭇국&시래깃국&닭국 (137p)
10. 광주 — 떡갈비&오리탕 (140p)
11. 전남 목포 — 낙지탕탕이&병어찜 (145p)

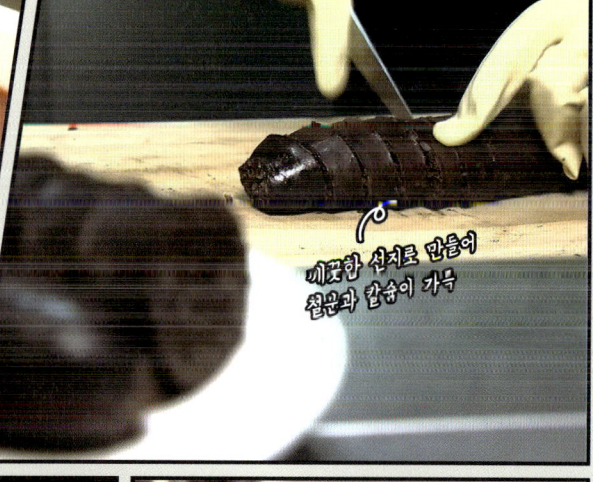

그리고 이 집만의
맛있는 비법의 수제 **초고추장!**

깨끗한 선지로 만들어
철분과 칼슘이 가득

진한 사골육수 맛의
피순댓국!

피순대까지 올려서
한입~

맛 정보!
당면이 아닌 선지가 주재료인 피순대
순대 소에 당면을 넣지 않는 것이 특징

피순대 더 맛있게 먹는 TIP!

1 김에 피순대를 올린다.
2 그 위에 초장을 뿌린다.
3 부추를 올려 먹어도 GOOD!

민하's Tip

순댓국 더 맛있게 먹는 TIP!

1 순댓국에 부추와 다진 마늘을 듬뿍 넣는다.
2 고추기름을 취향에 따라 적당히 넣는다.
3 가위로 부추, 내장 등을 잘게 자른다.
4 밥을 만 후에 크게 한 숟가락 떠먹는다.

세윤's Tip

전주비빔밥
맛을 좌우하는 5총사

겉절이 · 도라지 오이무침 · 무장아찌
호박전 · 참나물무침 · 버섯들깨탕

호로록~

맑고 투명한
콩나물국부터 **한입**

맛 정보!
여러 음식을 비벼 먹어도 탈이 나지 않는 이유는
전주비빔밥에 들어가는 황포묵이 살균, 해독 작용을 하기 때문

결론
뭉쳐지는
모든 맛이 좋다

달걀노른자
부드러운 코팅으로 **마무리!**

들어간닷!

육회비빔밥

돌솥비빔밥

뚝배기불고기

물갈비+생마늘 — 준현's Tip
1. 밥 위에 콩나물과 살코기를 올린다. 이때, 숟가락을 국물에 살짝 담가주는 것이 포인트!
2. 그 위에 생마늘을 올려 먹으면 GOOD!

물갈비+파채 — 세윤's Tip
1. 채 썬 파를 묵갈비 위에 듬뿍 올린다
2. 파채의 숨이 죽기 전에 고기와 함께 먹는다

물갈비+스트링 치즈 — 민경's Tip
1. 스트링 치즈를 잘게 찢어 물갈비 위에 올린다.
2. 녹은 치즈와 물갈비를 함께 먹는다.

흰쌀밥+고기 — 준현's Tip
1. 흰쌀밥과 고기 조합은 언제나 진리!

돌솥비빔밥+불고기 — 민경's Tip
1. 돌솥비빔밥에 불고기를 곁들여 먹자!

전남 여수 24회

폭신폭신 여수의 별미
갯장어

갯장어(하모) 제철 — 여수사람들의 보양식으로 6월~8월이 제철로 살이 제대로 오른 갯장어 참맛을 느낄 수 있다

갯장어(하모) 손질 — 0.5cm 간격으로 100번 이상 칼집을 내는 것이 특징

보글

전남 광양 25회

제작팀 PICK

섬진강 맑은 물을 머금은
재첩국

맛있는 녀석들 in **전라남도** 광양시

시원한 맛을 내는
손톱 크기의 재첩이 한가득!

재첩 전문점의 **재첩 특징**
섬진강 맑은 물에서 잡아
센 불에서 끓여내 비린내 걱정이 없다

감동적이야

126　　　　　　　　　　　　　　　　　　　　　　　　　　　　　PART 4

재첩 쌈장

1. 된장 두 스푼, 고추장 한 스푼을 잘 섞은 후 참기름을 살짝 둘러준다.
2. 재첩국의 국물을 빼고, 재첩만 넣어준다.
3. 기호에 따라 채 썬 파를 추가로 넣고 비벼준다.
4. 상추 위에 밥을 올리고, 완성된 재첩 쌈장을 얹어 싸 먹으면 GOOD!

세윤's Tip

재첩국+채 썬 대파

1. 재첩국에 밥을 말아준다.
2. 채 썬 대파를 듬뿍 넣어 함께 먹는다.
※ 아삭한 대파의 식감이 더해져 맛이 좋아진다는 사실!

준현's Tip

재첩회+소면

1. 컵라면 소면을 익혀 차가운 물에 헹군 후 그릇에 담는다.
2. 면 위에 재첩회를 듬뿍 얹어 참기름을 두른 뒤 비벼주면 완성!

민경's Tip

전남 광양 25회

먹기 직전에 양념해 굽는
광양불고기

광양 불고기 맛있게 굽는 법 Knowhow
빨래 널듯이 굽게 되면 고기가 마르기 때문에 계속 뒤적여 주워서 굽는 깊이가 배

참숯과 어우러진 고기의 향기

맛 정보!
먹기 직전에 바로 양념을 하는 것이 특징
고기의 부위, 두께에 따라 다른 맛을 즐길 수 있음

자극적이지 않게
고기의 맛 그대로!

두툼해서 육즙이 **2배** 촉촉함도 **2배**

광주&전라도

맛있는 녀석들의 더 맛있는 TIP!

밥 많이 쌈 — 준현's Tip
1. 청상추에 밥을 많이 올린다.
2. 밥 위에 불고기와 고추장, 생마늘을 넣어 크게 쌈을 싸 먹는다. ※ 많은 양의 밥과 두툼한 갈빗살이 강한 고추장의 맛을 잡아준다는 사실!

호화 쌈 — 세윤's Tip
1. 쌈 채소 위에 불고기를 올린 후 취향에 따라 다양한 밑반찬을 종류별로 넣어준다.
2. 크게 쌈을 싸 먹으면 다채로운 맛의 일명 '호화 쌈' 완성!

불고기 비빔밥 — 민상's Tip
1. 대접에 밥을 넣고 알맞게 구운 불고기를 잘게 잘라 넣는다.
2. 고추장과 참기름, 각종 나물 등을 넣고 쓱쓱 비벼 먹으면 맛도 식감도 일품인 불고기 비빔밥 완성!

파 불고기 — 태균's Tip
1. 불판에 불고기와 파무침을 함께 올린다.
2. 같이 정성스럽게 볶아 먹으면 파의 향이 잘 스며든 '파 불고기' 완성!

전남 완도 113회

진짜 완도의 맛
전복 미역국

청정바다의 수도 완도

여기서 잠깐! '완도 전복'이 유명한 이유!
청정 해역에서 자란 자연산과 비교해도 손색이 없다

완도 전복을 먹어보자!

꼬시래기 된장 무침 / 생톳무침 / 전복장아찌

맛 정보!
미역국에 무, 버섯, 새우를 넣어
맑고 시원한 국물 맛을 살리는 게 포인트!

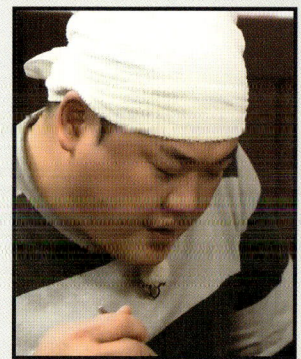

계속 맛보면 맑고 시원한 맛에 감탄♥

전복해초돌솥밥

어우!

전남 순천 116회

반전매력의 순천 명물
짱뚱어

제작팀 PICK

살아 숨 쉬는 생명의 땅 순천만 갯벌

맛 정보!
망둑엇과의 바닷물고기
최근 어획량이 급감, '바다의 소고기'라
불리며 귀한 대접을 받고 있다고

이거거덩~!!

겁나게 맛있어버리는 거

전복 미역국+우동 사리
세윤's Tip
1. 전복 미역국에 우동 사리를 넣어서 맑은 육수를 즐기며 먹는다!
2. 전복 미역국에 완도산 매생이를 넣고 깍둑썰기 한 두부를 넣어 즐겨도 GOOD!

짱뚱어 전골+소면
준현's Tip
1. 짱뚱어 전골에 소면을 생으로 투하해 끓여 먹는다.
2. 남도 김치인 돌갓김치를 곁들여 먹는 것도 GOOD!

짱뚱어 전골+다진 마늘+청양고추
민경's Tip
1. 다진 마늘과 청양고추를 짱뚱어 전골에 넣어 먹는다.

짱뚱어 전골+산초가루
민영's Tip
1. 짱뚱어 전골에 밥을 말고 산초가루를 뿌려 먹는다.

짱뚱어 전골+꼬막 전
세호's Tip
1. 짱뚱어 전골에 꼬막 전을 곁들여 먹는다.

전남 강진 116회

전라남도 끝판왕
남도 한정식

바지락회무침 · 찐해삼 · 전복

비단 가리비 · 피꼬막

피꼬막 쏘옥

> 맛있는 음식 앞에 배부름이란 없다.
>
> - 김준현 -

떡갈비 & 홍어삼합

맛 정보!
오리지널 삼합(홍어+돼지고기 수육+묵은지)에는 막걸리가 필수!
궁합이 얼마나 탁월하면, '홍탁삼합'이라는 말이 있을 정도

한정식의 기본, 갈비찜

전북 군산 221회
소고기뭇국 & 시래깃국 & 닭국

트렌디한 분위기 속 과거를 고이 간직한 곳 군산

정성과 시간이 만들어낸 맛!

소고기뭇국 고기 식감을 위해 소 안심, 양지, 허벅지살을 섞어 사용!

호로록 호로록

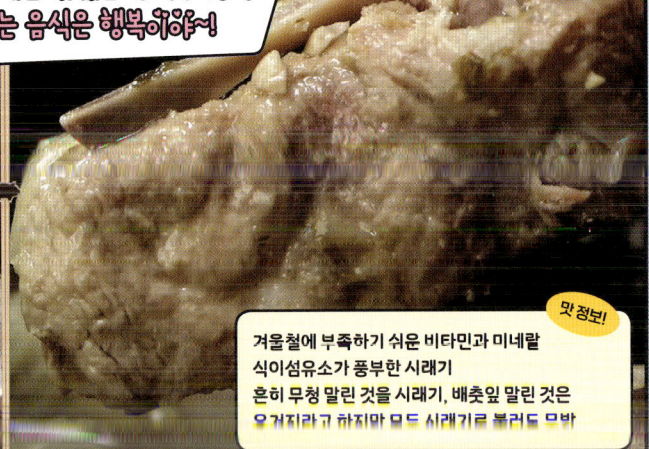

세상에는 맛있는게 너무 많아. 맛있는 음식은 행복이야~!

맛 정보!
겨울철에 부족하기 쉬운 비타민과 미네랄 식이섬유소가 풍부한 시래기
흔히 무청 말린 것을 시래기, 배춧잎 말린 것은 우거지라고 하지만 모두 시래기로 불러도 무방

닭국
다시마, 밴댕이, 바지락을 우린 육수에
닭, 고춧가루, 마늘, 들깻가루 등을 넣어 끓임

광주 222회
떡갈비 & 오리탕

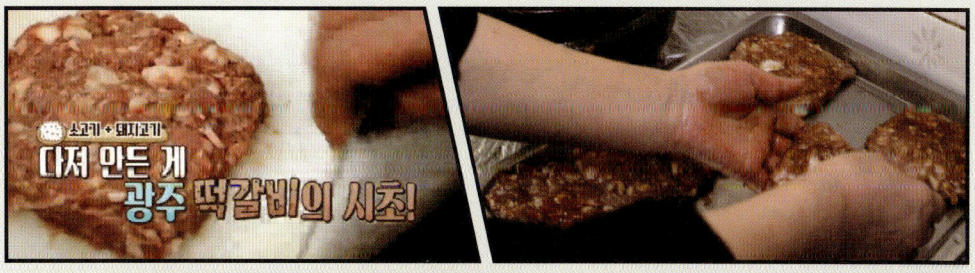

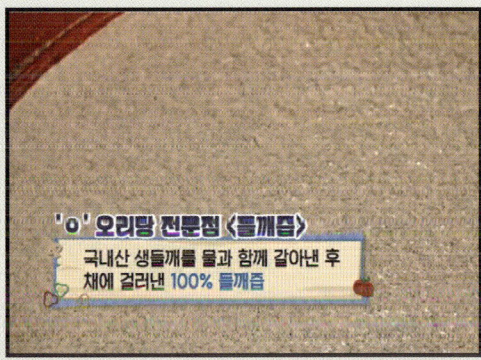

향긋한 미나리를 품은
광주의 대표 보양식

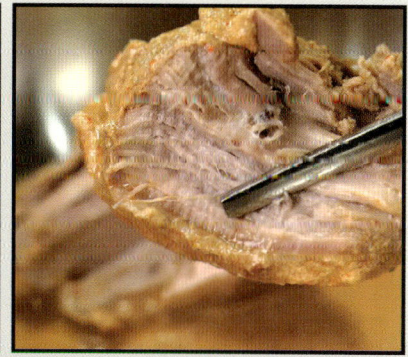

맛 정보!
오리고기는 고소한 맛이 특징이며 동맥경화, 뇌졸중, 심장병 예방에 효과적인 불포화지방산이 풍부한 음식!

맛있는 녀석들의 더 맛있는 TIP!

더블 떡갈비 버거
민상's Tip
1. 빵에 떡갈비 2장, 체더치즈, 달걀 프라이, 토마토, 양상추를 순서대로 올려준다.
2. 빵으로 덮어 DIY 버거를 만든다.

떡갈비+주먹밥
준현's Tip
1. 주먹밥에 떡갈비를 올려 더 풍성하게 먹는다.

떡갈비+반숙 프라이
민경's Tip
1. 떡갈비에 반숙 달걀 프라이를 올려 함박스테이크 스타일로 즐긴다.

오리탕+반찬 4종
민상's Tip
1. 오리탕에 반찬 4종(오이무반이, 갈무이무비, 봉이무봉, 도리묵 무침)을 곁들여 먹지!

오리탕+수제비
준현's Tip
1. 오리탕에 일힌 수제비를 넣어 '들깨수제비' 스타일로 즐긴다.

전남 목포 235회

낙지탕탕이 & 병어찜

전복, 육회, 낙지를 한 접시에!
낙지탕탕이 ★★

침샘폭발하는 빨간맛~!
병어찜

맛 정보!
병어는 농어목 병어과의 바닷물고기로 영문명은 Butter fish
크기에 따라 자랭이<병치<병어<덕자병어(돗병어)로 분류

맛있는 녀석들의 더 맛있는 TIP!

'비빔밥+간장게장 간장' & '비빔밥+초장'

준현's Tip

1. 비빔밥에 간장게장 간장을 넣어 비벼 먹자!
2. 비빔밥에 초장을 함께 비벼 먹는 방법도 있다.

낙지탕탕이+생김

민경's Tip

1. 낙지탕탕이를 생김에 싸서 먹자!

'밥+무 조림+시래기+병어' & '밥+게살+마늘+병어회'

준현's Tip

1. 밥 위에 무 조림, 시래기, 병어 알, 병어 살을 올려 한입에 먹자.
2. 밥 위에 꽃게 무침 게살과 마늘, 병어회를 올려 먹는 것도 GOOD!

밥+병어살+양념

민경's Tip

1. 함께 병어살과 양념을 넣고 비벼 먹자!

민경장군의 노트
달걀 비법

비법 노트

가장 다양하게 변주가 가능한 식재료, 달걀. 달걀을 최애로 꼽는 민경장군을 위해 셰프 군단이 나섰다. 셰프들이 소개하는 달걀 요리 레시피를 함께 배워보자. 단일 식재료로도 충분히 완성도 높은 요리를 만들 수 있다.

정호영 셰프

달걀카츠

① 날달걀을 빵가루에 입혀서 기름에 살짝 튀겨낸다.
② 돈가스 소스 또는 케첩을 취향대로 뿌려 먹는다.

일본식 달걀말이

① 달걀물에 육수 국물을 넣어 간을 맞춘다.
② 기름을 두른 사각 팬에 달걀물을 조금씩 부어가면서 젓가락으로 말아준다.

달걀찜 푸딩

① 달걀물에 육수 국물을 넣어 간을 맞춘다.
② 달걀물 안에 닭다리 살, 새우를 넣고 찜통에 찐다.
③ 잘 쪄진 달걀찜 푸딩 위에 명란이나 성게알을 토핑으로 올린다.

수플레 오믈렛

① 달걀을 흰자와 노른자로 분리 후, 흰자에만 설탕을 넣어 머랭을 친다.
② 머랭 친 흰자 절반을 노른자와 섞고 프라이팬에 노른자-> 흰자 순서로 구워 반으로 접는다.
③ 완성된 요리 위에 메이플 시럽을 뿌려내면 끝!

달걀로 어떻게 이렇게
고급진 음식을 만들 수 있지?

이원일
셰프

어떤 요리부터 먹어야 하나?
아~ 이런 행복한 고민이라니!

달걀 불고기 잡채

① 기름 두른 팬에 양파, 표고버섯, 팽이버섯, 청피망, 홍피망을 넣고 볶다가 소금, 후추로 간을 맞춘다.
② 기름을 두른 사각 팬에 달걀물을 조금씩 부어가면서 젓가락으로 말아 지단을 완성한다.
③ ①에 불린 당면과 육수를 넣고, 부족한 간은 불고기 양념으로 맞춘다.
④ 채 썬 달걀지단과 참기름을 넣어 마무리한다.

우왓!!! 맛있겠다. 누나, 나도 한입만!

내 음식에 손대는 사 누구냐!

오세득 셰프

베이크드 에그

① 식용유에 파를 볶다가 게맛살, 간장, 후추를 넣어 준비한다.
② 우유, 샐러리, 달걀물을 섞는다.
③ ①과 ②를 냄비에 넣고 포일을 씌워 180℃ 오븐에 40분간 구워낸다.

브레드 푸딩

① 식빵을 한입 크기로 자른다.
② 우유, 설탕, 생크림, 달걀 푼 물에 식빵을 넣어 적신 다음 오븐 틀에 넣고, 180℃ 오븐에 20분간 돌린다.

에그커리

① 팬에 버터를 녹인 후, 파와 생강을 볶는다.
② 볶은 파와 생강에 삶은 달걀을 넣어 함께 볶은 후 달걀만 건져낸다.
③ 카레, 고추장, 고춧가루를 넣고 볶다가 요거트와 우유를 추가로 넣는다.
④ 마무리 단계에 미리 볶아놓은 삶은 달걀을 넣으면 끝!

집에서도 한번 맛 내볼까? | 맛있는 음식이 많기로 유명한 전라도에는 한 세 번이도 빠지지 않고 맛 좋은 요리들이 다양하다. 그중에서도 상차림에 딱 좋은 궁합을 자랑하는 레시피를 소개한다.

전주 비빔밥

음식 재료

마트 비빔밥 1개, 장조림 캔 1개, 애호박 1/3개, 비빔장 소스, 달걀 1개, 참기름 1/5 소주잔, 소금 두 꼬집, 식용유 1/4 소주잔

만드는 방법

① 애호박은 반달 모양으로 썰어 소금을 넣고 볶아준다.

② 장조림 캔 고기는 잘게 찢어 준비한다.

③ 달걀은 노른자만 따로 담아 둔다.

④ 마트에서 산 비빔밥에서 재료만 꺼내 호박, 고기 등과 함께 담아 둔다.

⑤ 밥을 따뜻하게 데워서 그릇에 담고, 그 위에 준비해둔 재료들을 올린다. 여기에 비빔장과 달걀노른자, 참기름을 넣으면 완성!

전복 미역국

음식 재료

마트 미역국 1봉지, 전복 1개,
표고버섯 1개,
다진 마늘 1/5 소주잔,
참기름 1작은술

만드는 방법

❶ 전복은 솔로 박박 문질러 씻어서 준비한다.

❷ 표고버섯은 뜨거운 물에 불린 후 썰어둔다.

❸ 냄비에 참기름 1작은술을 두르고 씻어 놓은 전복을 넣어 볶는다.

❹ 여기에 표고버섯을 넣고 다시 볶아 준다.

❺ 볶은 전복과 표고버섯에 마트용 미역국, 물 1/2컵, 다진 마늘을 넣고 끓여 완성한다.

풍성하고 화려한
경상남도의 가을 경치

11월에는 부산으로 여행을 떠나자. 매년 가을밤 광안리 해수욕장의 하늘과 바다를 화려하게 수놓는 부산 불꽃축제가 기다린다. 밀티미디어 해상쇼라는 취지대로 매년 불꽃뿐만 아니라 화려한 레이저 쇼 등을 테마에 맞는 음악과 함께 선보이고 있다. 대부분의 관광객은 백사장에서 불꽃축제를 관람하지만, 동백섬, 이기대, 황령산에서 보는 불꽃쇼는 또 다른 재미를 준다. 다양한 스폿에서 축제를 즐기는 것을 추천한다.

남해의 금산은 가을 경치를 만끽할 수 있는 곳이다. 금산에 올라, 한려해상국립공원을 바라보면 온 바다를 품은 느낌이 든다. 보리암에서 소원도 빌고 금산산장에서 SNS 인증용 사진도 남길 수 있다. 더불어 맛있는 음식을 곁들이면 경상도 여행을 풍성히 마무리할 수 있다.

부산&경남

항구 도시이면서 대도시인 부산은 생활양식과 주민들의 생각이 집목된 독특한 조리법을 가진 음식들이 많다. 전쟁을 겪으며 외부에서 갑자스럽게 인구 유입이 늘면서 자연스럽게 식자재와 조리법도 발달한 것이나. 서민 음식이 발달한 것도 이런 영향이 컸다.

1-3월	거창 딸기, 창원 파프리카
4-6월	거창 한우, 남해 마늘종, 창원 미더덕
7-9월	남해 마늘, 밀양 감자
10-12월	밀양 풋고추, 밀양 들깻잎

♥ 이건 한번 먹어봐!

부산 파, 미나리, 대합, 굴, 홍합, 소고기, 달걀과 찹쌀, 멥쌀가루를 섞어 만든 <u>동래파전</u>

김해 시역 특산물인 칠산 참외로 만든 장아찌

통영 생고구마, 팥, 찹쌀, 강낭콩, 조 등을 넣고 2시간 정도 쑨 <u>고구마 빼떼기 죽</u>

하동 벚꽃 피는 봄에 먹는 벚물, 섬진강 길을 따라 만나는 <u>섬게탕</u>과 <u>매실짱아찌</u>

남해 죽방렴으로 잡은 멸치로 찌개를 끓인 후 밥과 깻잎, 상추에 싸 먹는 <u>멸치 쌈밥</u>

거제 생선에 갖은 채소와 된장, 고추장을 넣고 물을 부어 완성한 <u>물회</u>

시대를 대표하는 음식

밥류	내농 밥
죽류	참죽
국·찌개류	재첩국, 민물매운탕, 도다리쑥국
반찬류	곰장어 구이, 밀면, 돼지국밥, 멍게젓, 멍게비빔밥, 더덕 비빔밥, 은어 튀김, 밤 젓, 멸치젓, 자리돔 물회
김치류	가죽 잎 장아찌

부산&경상남도

대동맛지도

#	지역	메뉴
1	부산 진구	돼지국밥 (159p)
2	부산 동래	동래파전 (162p) ⭐
3	부산 동래	낙곱새 (165p)
4	부산 영도	조개구이 (168p)
5	부산 남구	밀면 (171p)
6	부산 남구	양념 장어 (173p)
7	경남 김해	구포국수&뒷고기 (176p)
8	부산 해운대	대구탕&꼬치구이 (180p)
9	경남 거제	거제 3미 (184p)
10	경남 통영	충무김밥&다찌 (188p)
11	경남 하동	은어&재첩 (194p) ⭐

PART 5

양념 새우젓
준현's Tip

1. 새우젓의 물기를 짠 후, 다진 청양고추와 고춧가루, 참기름을 넣고 잘 비벼준다.
2. 양념 새우젓을 고기에 얹어 먹는다. 돼지고기 맛 제대로 살리는 찰떡궁합!

돼지국밥+파채
세윤's Tip

1. 돼지국밥에 파채를 넣는다.
2. 국복에 넣은 파채와 고기를 간장 소스에 찍어 먹어 맛살아나는 맛을 부시게 느낄 수 있다.

돼지국밥 보쌈
민상's Tip

1. 상추에 돼지국밥 고기와 보쌈김치, 밥을 올려 싸 먹는다.
2. 돼지국밥 속 고기가 맛있는 쌈으로 대변신! ※쌈에 파채를 넣어 먹어도 좋다.

돼지고기 채소무침
민경's Tip

1. 그릇에 돼지국밥 고기와 부추 봄동 무침을 넣는다.
2. 다진 마늘&다진 양념&초간장을 넣고 참기름을 두른 뒤 조물조물 무치면 끝! 상큼함과 매콤함의 조화가 GOOD~

부산 동래 50회

부산의 향토 음식!
동래파전

⭐ 제작팀 PICK

사장님이 추천하는 〈동래파전〉 맛있게 먹는 법 **TIP**
특제 초고추장 소스에 파전을 찍어먹으면 입맛을 돋우면서 담백하게 즐길 수 있다!

동래파전의 맛에서 **쪽파**가 중요!
철판 위에 올라갔을 때 단맛을 내는
쪽파의 안쪽 부분만 사용

길~쭉

고급 해산물이 많지만
동래파전의 주인공은 **쪽파!**

> 맛 정보!
> 쪽파 위에 소고기, 바지락, 키조개, 홍합, 대합, 새우 등 신선한 해산물을 가득 올린 것이 특징 해산물, 반죽, 소스의 완벽한 삼위일체!

향에 한번 취하고

입 속으로 나얌~!

부산&경상남도 163

동래파전+막걸리 — 준현's Tip
1. 막걸리로 입안을 살짝 적신 후, 동래파전을 먹는다.
2. 입안에서 파전을 좌우로 나누고 다시 막걸리를 마신다.
3. 동래파전의 맛을 완성하는 최고의 듀엣!

동래파전+달래장 — 세윤's Tip
1. 그릇에 간장&다진 마늘&다진 청양고추&설탕을 넣어 간을 맞춘다.
2. 참기름과 먹기 좋게 자른 달래, 고춧가루를 더한 후 깨와 식초를 넣어 휘휘 저어준다. 달래장을 동래파전에 얹어 먹으면 입안에 퍼지는 향긋함이 GOOD!

모차렐라 인 더 동래파전 — 민상's Tip
1. 동래파전에 토핑으로 모차렐라 치즈를 뿌려 굽는다.
2. 고소한 모차렐라 치즈와 부드러운 동래파전의 완벽한 컬래버레이션!

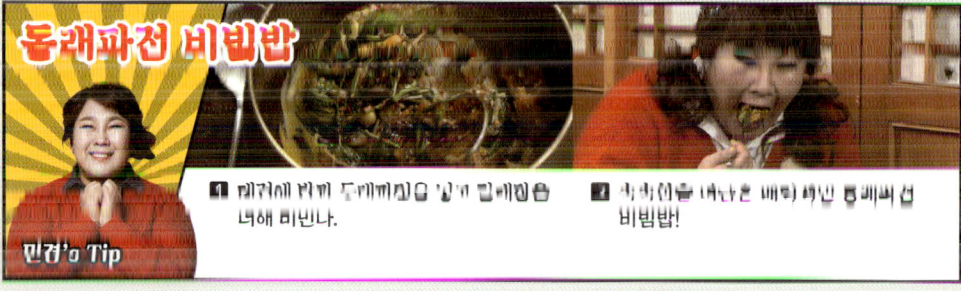

동래파전 비빔밥 — 민경's Tip
1. 냄비에 밥과 동래파전을 넣어 비빈다.
2. 아삭(?)을 더해준 배합 버전 동래파전 비빔밥!

부산 동래 97회

낙지, 곱창, 새우
낙곱새

낙지&새우의 바다향과 곱창의 고소함이 어우러진 맛

낙곱새 먹는 노하우 ★
① 취향대로 낙지와 새우, 곱창 본연의 맛을 본다.
② 낙곱새를 조금씩 덜어서 밥이랑 비벼 먹는다.

낙지 / 새우 / 곱창

낙곱새 볶음밥 +수란

세윤's Tip

1. 육수가 끓으면 달걀을 톡! 깨서 넣는다.
2. 국물을 부어가며 수란을 만든 후 접시에 옮겨 담는다.
3. 밥과 양념에 밥, 다시마 됨고.... (illegible)
4. 먹기 편하게... 볶음밥에 수란을 얹어 함께 먹는다.

낙곱새 쌈

준현's Tip

1. 상추와 깻잎 위에 낙지, 곱창, 새우를 골고루 올린다.
2. 마늘을 넣고 쌈을 싸 먹는다.

낙곱새 두부조림

민상's Tip

1. 낙곱새를 먹고 남은 양념에 두부를 넣고 조린 후 먹는다.

부산 영도 97회

불판에 노릇노릇
조개구이

부산의 향취를 가득 품은 **싱싱한 조개구이**

꼬수임

마에

바비큐

치즈

맛 정보!

삶거나 찐 조개보다 구운 조개가 더 맛있는 것은
조개를 삶으면 체내 단백질 성분이 녹아 나와 맛이 떨어지는 반면
구이는 단백질 손실이 적기 때문에 더욱 감칠맛이 나서라고

대합+귤 — 주현's Tip
1 껍질 깐 귤을 불판에 살짝 구워 대합과 함께 상큼하게 즐긴다.

카레 가리비+마늘 바게트 — 준현's Tip
1 카레 가리비를 먼저 굽고 마늘 바게트도 살짝 굽는다.
2 마늘 바게트 위에 가리비와 채소, 카레를 듬뿍 얹어 먹는다.

고추장 가리비+볶음김치 — 민상's Tip
1 고추장 가리비가 익어갈 때 시판용 볶음김치를 얹어 함께 먹는다.

조개 라면 그라탱 — 민경's Tip
1 조개 떡볶이에 꼬들꼬들하게 데친 라면 사리를 넣고 한 번 비벼 준다.
2 치즈를 솔솔 뿌려 조개 라면 그라탱으로 즐긴다.

부산 남구 98회

부산에 왔으면 이건 먹어야지
밀면

"밀면"의 유래?
6.25 전쟁 후 실향민들이 냉면 재료를 구하기 힘들 때 미군의 보급 밀가루로 만들어 먹은 냉면!

밀가루에 전분을 섞은 반죽으로 뽑은 면에, 숙성된 고추장 양념장과 삶은 달걀, 수육 등을 넣어 비벼 먹거나 시원한 육수에 말아 먹는 부산의 향토음식

맛 정보!

밀면+청양고추

준현's Tip

1 비빔밀면에 얇게 썬 청양고추를 넣어 함께 곁들여 먹는다.

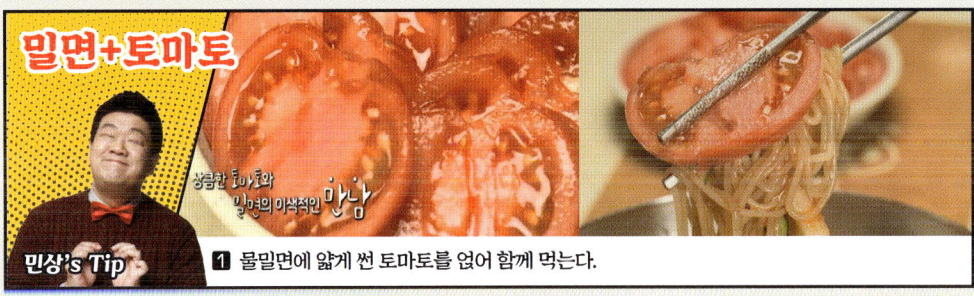

밀면+토마토

민상's Tip

1 물밀면에 얇게 썬 토마토를 얹어 함께 먹는다.

밀면+만두

민영's Tip

1 반으로 가른 만두, 위 비빔밀면의 면재를 얹어 살짝 올 즐긴다.

부산 남구 948회

짠맛 & 단맛의 조화
양념 장어

그릴 위에서 초벌

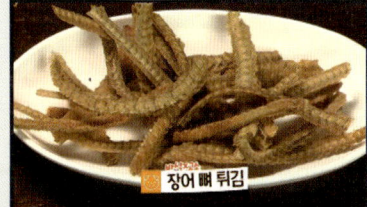

장어 뼈 튀김

장어탕

담백함과 고소함이 어우러진 맛

맛있는 녀석들의 더 맛있는 TIP!

양념 장어 덮밥

1. 큰 볼에 공깃밥을 넣고 장어 소스를 밥 위에 두른다.
2. 마요네즈를 넣고 채 썬 양배추로 밥을 덮어준다.
3. 생고추냉이를 넣고 양념 장어를 듬뿍 올린다.
4. 김을 썰어 넣고 생강 채를 올려 찬곳힘을 피한 후 먹는다.

준일's Tip

양념 장어 + 부추 무침 + 복분자주

1. 양념 장어 위에 부추 무침을 올린다. 복분자주를 마신 뒤 준비해둔 무침을 곁들인다.

세윤's Tip

양념 장어 + 약밥

1. 네모반듯하게 자른 약밥 위에 양념 장어를 올려 초밥처럼 만들어 먹는다.

민상's Tip

양념 장어 + 후추 마요네즈

1. 마요네즈에 후추를 넣고 잘 섞은 후 양념 장어를 찍어 먹는다.

민경's Tip

경남 김해 133회

구포국수 & 뒷고기

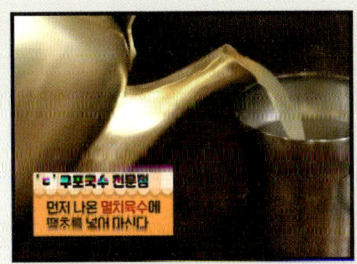

맛있는 녀석들의 더 맛있는 TIP!

구포 국밥

세윤's Tip
1. 구포국수 면을 조금 남긴 후 찬밥을 넣고 양념장과 다진 매운 고추를 추가해 국밥 완성!

구포국수+육전

민경's Tip
1. 구포국수 면과 육전을 한 젓가락에 올려 함께 먹는다.

육수+유부 주머니+쑥갓+가다랑어포

준현's Tip
1. 구포국수에 뜨거운 육수를 부은 후 유부 주머니, 쑥갓, 가다랑어포를 넣어 먹는다.

뒷고기+구운 단감 말랭이

민상's Tip
1. 불판에 구운 단감 말랭이를 뒷고기와 함께 곁들인다.

뒷고기+파채 구이

세윤's Tip
1. 간장, 후추, 참기름으로 양념해 만든 파채 구이와 뒷고기를 함께!

뒷고기+산딸기 와인

준현's Tip
1. 뒷고기에 김해 특산물인 산딸기 와인을 곁들여 먹는다.

부산 해운대 134회

대구탕 & 꼬치구이

반찬: 무&오이장아찌, 깍두기, 연근조림, 김, 콩나물무침, 간장, 배추김치, 마늘쫑 새우볶음, 고추&양파, 된장

부산 'ㅅ' 대구탕 전문점
신선한 대구를 한 솥에 푹 끓여 본연의 맛을 살린 깊은 육수를 뽑아낸다

맛 정보!
동해안 대표 명태, 서해안 대표 조기, 남해안 대표 대구!
명태와 헷갈린다면 아래턱을 볼 것
아래턱 중앙에 한 개의 수염이 있으면 대구, 없으면 명태

맑은 육수 사이에서 슬며시 몰려오는 칼칼함

먹고 싶은 꼬치를 내 마음대로!

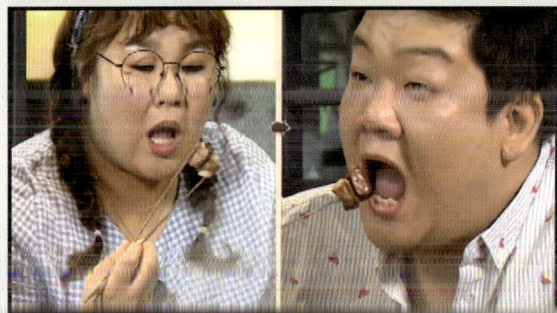

대구 비빔밥 — 민상's Tip
1. 큰 볼에 밥 두 공기와 대구 살을 넣는다.
2. 양념장, 된장을 넣어 간을 맞춘 후 잘게 썬 깍두기, 김 가루, 참기름을 넣어 비빈다.
3. 맨 마지막에 초고추장을 넣어 한 번 더 비벼 먹는다.

대구 살+양파채+와사 타르 소스 — 민경's Tip
1. 고추냉이에 마요네즈 소스를 섞어 비벼 새이 외서 타르 소스를 만든다.
2. 대구 살 위에 양파채를 놓인 후 와사 타르 소스를 얹어 먹는다.

꼬치구이+명란 마요 소스 — 세윤's Tip
1. 으깬 명란젓과 마요네즈를 잘 섞어 명란 마요 소스를 만든다.
2. 명란 마요 소스에 꼬치구이를 찍어 먹는다.

꼬치 케밥 — 민상's Tip
1. 구운 토르티야에 양상추 채와 꼬치구이를 올린 후 각종 소스를 뿌려 케밥으로!

꼬치구이+상추&깻잎 쌈 — 준현's Tip
1. 상추, 깻잎에 꼬치구이를 얹고 취향에 따라 마늘, 쌈장, 소스 등을 더해 쌈으로!

경남 거제 175회

거제 3미
(코끼리 조개, 털게, 볼락)

거제 3味
털게 등장

갑각류 특유의
감칠맛 뿜뿜!!

경남 통영 176회

충무김밥 & 다찌

한국의 나폴리라 불리는
남해의 미항도시, 통영!

충무김밥
뱃사람들을 상대로 판매했던 음식이라 맛이 쉽게 변질되는 것을 방지하기 위해 김밥과 반찬을 분리했다는 유래가 있다

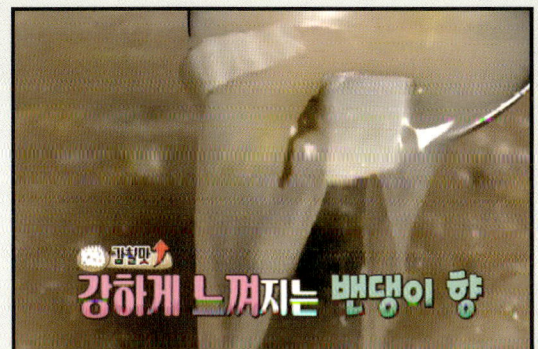

부산&경상남도

통영만의 독특한 문화

다찌를 소개합니다~!

푸짐한 상차림에 숨은 기분!

> 맛 저네!

퇴근 후 막걸리 한 잔에 김치 한쪽을 먹던 시절의 술집에서 유래된 다찌. 현재는 술을 시키면 각기 다른 상차림이 나오는 통영식 술집으로 유명

맛있는 녀석들의 더 맛있는 TIP!

충분김밥
세윤's Tip
1 김에 밥을 충분히 펴 바른다.
2 밥 위에 오징어&어묵무침, 섞박지를 넣고 싸 먹는다.

충무김밥+마약 소스
미상's Tip
1 물 2큰술, 간장 2큰술, 설탕 1큰술, 겨자 1큰술, 식초 1/2큰술을 넣어 마약 소스를 만든다.
2 충무김밥을 마약 소스에 찍어 먹는다.

'아귀살&미나리&폰즈 소스'&'해산물 무침'
준현's Tip
1 아귀살과 미나리를 폰즈 소스에 찍어 먹는다.
2 각종 해산물, 채소, 초고추장을 넣어 무쳐 먹어도 GOOD!

고기 초밥
민상's Tip
1 밥 한 숟갈 위에 삼겹살 조림을 얹어 초밥 스타일로 먹는다.

경남 하동 236회

은어 & 재첩

섬진강을 품고 있는 고장 하동!

은어 요리 5종: 회 → 튀김 → 구이 → 밥 → 탕

은어회

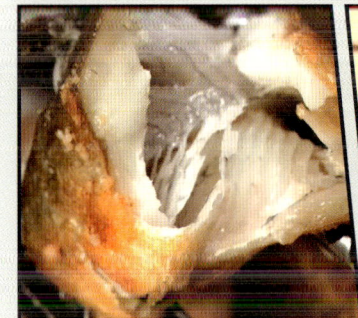

재첩전 등장!

밀가루 반죽에 재첩, 다진 바지락살, 부추, 당근, 양파, 매운 고추 등을 넣고 기름에 부침

재첩회덮밥

뚱4's 재첩 더 맛있게 먹는 TIP

1. 재첩국에 삶은 소면을 말아 '재첩국수'로 즐기자!
2. 재첩국수에 고춧가루, 설탕, 다진 양파, 다진 마늘, 다진 청양고추, 진간장으로 만든 수제 양념장을 넣어 먹자!

은어와 수박 흰 부분

1. 수박의 흰 부분을 먹고 은어의 맛과 비교해보자!

민상's Tip

뚱보 4인방의 여름 비법

비법 노트

날이 더워 몸이 축축 처지는 여름날, 맛있는 녀석들은 어떻게 에너지를 채울까? 그 비밀은 바로 맛있고 힘 나는 보양 음식에 있다. 보양 음식을 더 맛있게, 더 건강하게 먹는 뚱4의 비법을 소개한다.

삼계 샤부샤부

민상's 삼계 샤부샤부 맛있게 먹는 TIP

삼계 샤부샤부 + 전복

① 보양식의 끝판왕! 전복을 함께 넣어 먹는다.

전복은 사랑이야~ 🖤🤍🖤🤍

준현's 삼계 샤부샤부 맛있게 먹는 TIP

매콤 삼계 낙지 죽

① 육수에 녹두 찹쌀밥을 넣어 비빈다.
② 김치, 고추장 소스, 간장을 넣어 양념한다.
③ 데친 낙지를 잘라 함께 먹는다.

호동's 삼계 샤부샤부 맛있게 먹는 TIP

삼계 샤부샤부 + 칼국수 & 피시볼

① 삼계 샤부샤부 국물에 칼국수와 피시볼을 넣어 먹는다.

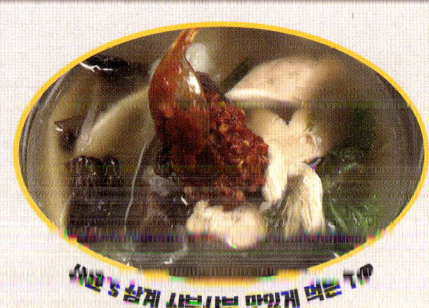

상민's 삼계 샤부샤부 맛있게 먹는 TIP

삼계 샤부샤부 + 매운 고추 소스 & 고수

① 매운 고추 소스와 고수를 넣어 매콤한 '닭 한 마리' 스타일로 먹는다.

대통찜

세윤's 대통찜 맛있게 먹는 TIP
떡갈비+문어
① 떡갈비와 문어를 함께 먹는다.

민경's 대통찜 맛있게 먹는 TIP
대통찜+양푼 비빔밥
① 밥에 각종 반찬을 비벼 대통찜과 함께 먹는다.

콩국수

민경's 콩국수 맛있게 먹는 TIP
두부 라떼
① 컵에 우뭇가사리와 차가운 콩물을 부어 호로록!

민상's 콩국수 맛있게 먹는 TIP
콩 빙수
① 얼린 콩물을 이용해 빙수를 만들어 먹는다.

해천탕

민상's 해천탕 맛있게 먹는 TIP
볶음밥+해산물
① 볶음밥에 초고추장을 찍은 해산물을 올려 먹자!

세윤's 해천탕 맛있게 먹는 TIP
만둣국
① 해천탕 국물에 만두를 넣어 만둣국처럼 즐기자!

집에서도 한번 맛 내볼까?

부산을 대표하는 음식들은 워낙 다양해 맛집 탐방만을 목적으로 부산 여행을 결정할 정도. 아쉽게 부산까지 가지 못할 때도 그곳의 맛을 내 손으로 만들어 볼 수 있다. 부산 맛 탐험, 집에서 해보자.

돼지국밥

음식 재료

마트 보쌈 고기 1팩, 마트 사골국 1봉지, 마트 매운탕 양념 1봉지, 후추 플레이크 두 꼬집, 소금 두 꼬집, 대파 1/3개

만드는 방법

❶ 보쌈 고기를 뜨거운 물에 살짝 데쳐준다.

❷ 대파는 동글동글하게 썰어 준비한다.

❸ 사골국 1봉지를 냄비에 담고 끓인다.

❹ 끓고 있는 사골국에 데친 보쌈 고기를 넣고 한 번 더 끓여 준다.

❺ 그릇에 밥을 담은 후 끓인 사골국을 담고 고기를 올린다. 여기에 준비한 매운탕 양념과 대파를 넣으면 완성.

밀면

음식 재료

마트 밀면 1개, 마트 냉면 육수 1봉지, 비빔장 1봉지, 다진 마늘 1/6 소주잔, 달걀 1개, 매실액 1/3 소주잔, 오이 1/4개

만드는 방법

❶ 밀면은 끓는 물에 약 3분 정도 삶아 낸 후, 찬물에 헹궈 물기를 빼놓는다.

❷ 차가운 물에 달걀은 넣고 약 13분 정도 삶은 후 찬물에 헹궈준다. 껍질을 벗겨 1/2개만 준비한다.

❸ 비빔장 소스에 다진 마늘, 매실액을 넣어 섞은 후 냉면 육수를 부어준다. 준비한 육수는 살짝 살얼음이 생기도록 냉동실에 넣어 둔다.

❹ 오이는 채를 썬다.

❺ 그릇에 삶은 밀면을 넣고, 오이와 달걀을 올린다. 여기에 시원하게 준비한 육수를 부어 마무리한다.

PART 6

맛있는 녀석들

대구&경상북도
Daegu & Gyeongsangbuk-do

뉴트로 여행의
최고봉, 대구

　뉴트로 감성이 핫한 대구로 떠나자. 대구를 대표하는 근대 골목은 청라 버스를 타면 쉽게 즐길 수 있다. 뉴트로 감성이 물씬 풍기는 곳이기 때문에 곳곳이 눈길을 사로잡는다. 버스는 대구역과 인접한 향촌문화관에서 출발해 푸른 담쟁이가 아름다운 청라언덕, 감성 가득한 김광석 다시그리기길 등 대구의 인기 관광지를 연결해주는 역할을 한다. 뉴트로 여행을 더욱 만끽하기 위해서는 의상을 맞추는 것도 좋다. 향촌문화관 주변 빈티지 대여점에서 의상, 모자, 선글라스, 액세서리, 가방 등을 대여하면 복고 패션을 완벽하게 연출할 수 있다.

대구&경북

대구는 전국 3대 시장 중 하나인 서문시장을 중심으로 서민 음식과 문화가 발전했다. 시장의 발전과 더불어 자연스럽게 먹거리도 발전했고 이를 즐겨 먹는 서민들의 입맛에 맞춘 음식들이 개발되었다.

1-3월	영덕 대게
4-6월	영덕 고사리
10-12월	영주 풍기 인삼, 포항 과메기

♥ 이건 한번 먹어봐!

- **대구** 고깃국물에 볶은 고춧가루, 부추, 각종 양념을 넣고 끓인 육개장과 밥이 따로 나오는 **따로국밥**
- **포항** 생선을 뼈 째 썰어 넣고 밥, 엿기름, 고춧가루를 넣어 섞은 후 발효시켜 만든 **밥식해**
- **경주** 신라 시대부터 발달해 온 요리법으로 완성된 **한우 떡갈비**
- **고령** 매달 4일, 9일에 열리는 장터에서 파는 **소구레국밥**

★ 지역을 대표하는 음식

떡류	찹쌀빵
국·찌개류	논메기 매운탕, 추어탕, 선짓국
반찬류	뭉티기, 납작 만두, 고디탕, 모리국수, 포항물회, 한우물회, 고추장 연탄불고기, 곱창볶음, 내장국밥

대동맛지도

1. 경북 포항 — **모리국수**(209p) ⭐
2. 경북 포항 — **과메기**(212p)
3. 대구 중구 — **자장면**(214p)
4. 대구 중구 — **물냉면**(216p) ⭐

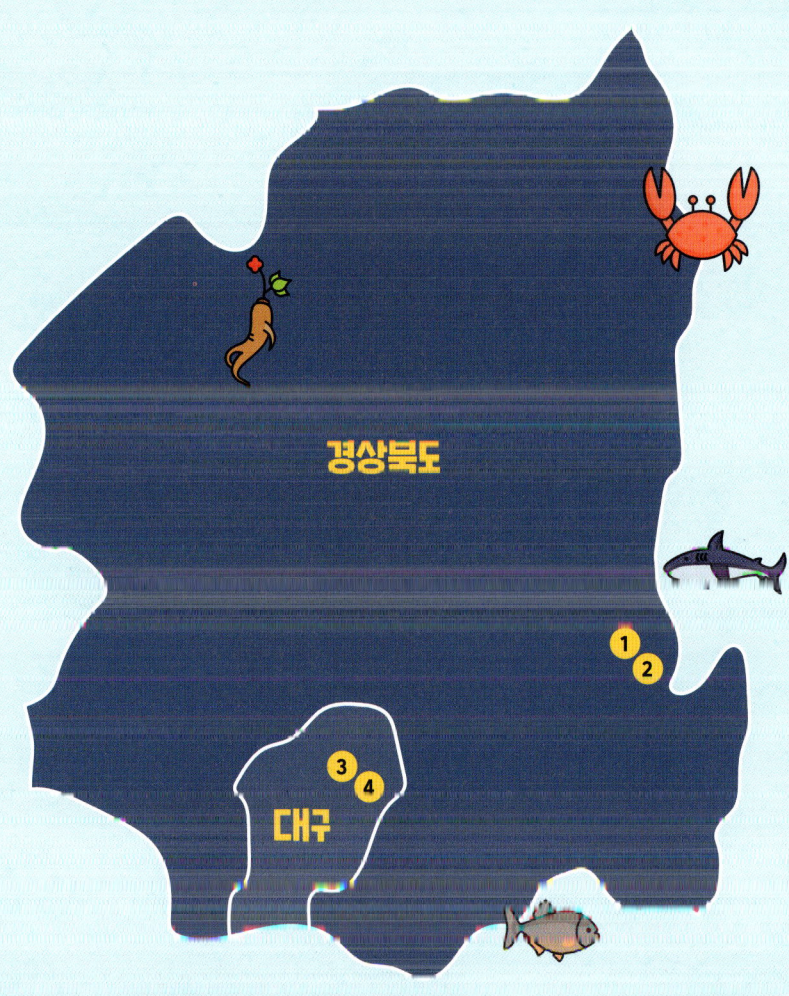

맛있는 녀석들 맛보기

경북 포항시

먹으면서 그리워지는 맛
모리국수

'O' 모리국수 전문점
매일 아침 시장에서 경매 받은
신선한 제철 생선으로 조리

맛 정보!

갖은 해산물을 넣고
국물이 걸쭉할 정도로 끓여낸 국수
복어 머리(북어 노노~)를 넣고 우려낸
육수가 얼큰하고 시원한 맛을 자랑

모리국수+찐 감자

준현's Tip

1 모리국수에 찐 감자를 먹기 좋게 잘라 넣고 살짝 끓여준다.

2 얼큰한 국물에 녹아든 진한 감자 맛!

모리국수+생 메추리알

세윤's Tip

1 국수 위에 생 메추리알을 터트려서 끓는 모리국수 안에 넣는다.

2 취향에 따라 반숙 or 완숙으로 익혀서 먹으면 한입 사이즈의 고소한 메추리 알 맛 +의미!

모리국수+S햄

민상's Tip

1 모리국수에 S햄을 숟가락으로 퍼서 넣고 끓여 먹는다.

2 햄 맛이 더해진 부대찌개 모리국수로 변신!

모리달걀죽

준현's Tip

1 자작하게 남은 국물에 밥을 넣고 약한 불에 비벼준 후, 반숙 프라이와 김 가루를 올려서 먹는다.

2 매콤&깔끔한 모리달걀죽으로 완벽 마무리!

경북 포항 51회

꾸덕꾸덕 겨울의 맛
과메기

구룡포 바람과 햇살이 만들어낸
쫀득한 육질의 과메기

맛 정보!
청어 또는 꽁치의 내장과 머리 부분을 손질하고 바닷물과 정제수로 씻은 후 그늘 밑에 넣어 사흘 정도 말린 생선 11~2월에만 육질이 쫀득한 과메기를 즐길 수 있음

김+다시마+쪽파+과메기 쌈

생강 절임 김쌈 + 과메기 자몽쌈

준현's Tip

1. 마른 김에 무순과 과메기를 올리고 간장에 적신 생강 절임&고추냉이를 더해 싸 먹는다.
2. 얄배추에 쪽파&과메기&얇게 썬 자몽을 얹고 소금을 살짝 더해 먹는다. 자몽의 상큼함을 더한 이국적인 맛!

과메기 김밥

세윤's Tip

1. 김밥 김 위에 밥을 깔고 미역과 과메기를 올린다.
2. 그 위에 초장을 뿌리고 쪽파와 단무지를 넣고 말아준다. 한입 크기로 썰어 내면 맛있게 즐길 수 있는 김밥으로 완성!

과메기 무침

민상's Tip

1. 접시에 잘게 자른 얄배추&쪽파와 한입 크기로 찢은 과메기를 넣어준다.
2. 마늘&고추를 넣고 초고추장과 참기름으로 간을 해 조물조물 무친다. 비린 맛 ZERO! 새콤달콤한 과메기 무침!

허니 버터 과메기 + 우유

민경's Tip

1. 버터와 꿀을 1:2 비율로 섞어 과메기에 듬뿍 발라준다.
2. 프라이팬에 올려 노릇노릇 구운 후, 우유와 함께 먹는다. 달콤&짭짤한 꽁치구이로 재탄생한 허니 버터 과메기.

대구 중구 209회

침샘 폭발 유니자장
자장면

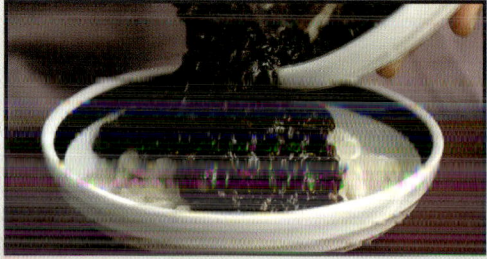

> 냉면에
> 가위질은 죄악!
> 면에 감히 가위를
> 대는 건
> 예의가 아니다.
> 면발복음 2장 2절 중
> - 김수현

뚱보 4인방의 겨울 비법

가만히 있어두 오들오들 떨다 보면 체력이 고갈되는 추운 겨울 날에는 그 어느 때보다 잘 먹어야 한다. 내 몸을 지키는 맛있는 음식이 보약이다. 맛있는 녀석들은 겨울이면 어떤 보약을 먹는지 알아보자.

복국

준현's 복국 맛있게 먹는 Tip

복국 + 쌀국수

① 익힌 쌀국수 면을 복국에 넣어 먹는다.

민경's 복국 맛있게 먹는 Tip

복국 + 수란

① 수란에 복국 국물을 부은 후 콩나물 건더기를 얹는다.
② 그 위에 김 가루를 뿌린 후 수란을 터뜨려 먹는다.

겨울 간식

민상's 순대 맛있게 먹는 Tip

순대 + 지역별 소스

① 순대를 지역별 소스에 찍어 먹는다.

- 서울&경기도 : 소금+후추
- 경상도 : 생양파+쌈장+시이다
- 전라도 : 초장
- 충청노&강원노 : 새우젓
- 제주도 : 간장+고추냉이

준현's 보태기 Tip
순대와 내장을 함께 초장에 찍어 먹후면 밥박해

민상's 뻥튀기 맛있게 먹는 Tip
뻥튀기+아이스크림
① 뻥튀기에 아이스크림과 꿀을 뿌려 즐긴다.

존현's 붕어빵 맛있게 먹는 Tip
붕어빵+휘핑크림
① 붕어빵 입을 벌려 휘핑크림을 넣어 먹는다.

민경's 찐 옥수수 맛있게 먹는 Tip
찐 옥수수+치즈 퐁듀
① 찐 옥수수를 치즈 퐁듀에 찍어 먹는다.

인창's 어묵바 맛있게 먹는 Tip
어묵바+스리라차 소스
① 어묵바에 매콤한 스리라차 소스를 곁들여 먹는다.

세윤's 군밤 맛있게 먹는 Tip
군밤+연유
① 군밤 위에 연유를 뿌려 달달함을 더한다.

세윤's 호떡 맛있게 먹는 Tip
세윤이 자세
① 몸을 25~30도 숙이고 엉덩이를 빼고 먹는다.

집에서도 한번 맛 내볼까?

어디서나 먹을 수 있지만 모두 같은 맛은 아니다. 경상도 음식들이 대부분 이런 특징을 가지기때문에 경상도 맛이 살아있는 음식은 쉬운 듯 어렵다. 그러나 이번에 소개하는 레시피를 참고하면 쉽게 경상도 맛을 재현할 수 있다.

모리국수

음식 재료

마트 모둠 해물 1팩,
칼국수면 1인분
매운탕 양념 1팩,
쑥갓 그플기,
소금 두 꼬집,
고춧가루 1/5 소주잔

만드는 방법

① 모둠 해물은 깨끗이 씻고 채반에 받쳐 물기를 빼준다.

② 냄비에 종이컵으로 다섯 컵 분량의 물을 담아 끓인다.

③ 끓고 있는 물에 매운탕 양념 1팩과 물기를 빼준는 모둠 해물은 넣고 끓인다.

④ 칼국수면에 묻어있는 밀가루를 털어내고 해물이 끓고 있는 냄비에 넣어, 날비분이 냉에 서서 사이 붙이 친다.

⑤ 고춧가루와 소금으로 간을 맞추고 그릇에 담는다. 여기에 쑥갓을 올려주면 완성.

자장면

음식 재료

마트 자장 1봉지,
칼국수면 1인분,
달걀 1개,
오이 1/3개,
양파 1/6개,
설탕 두 꼬집

만드는 방법

❶ 양파는 깍둑썰기한다.

❷ 팬에 자장 1봉지와 양파, 설탕 두 꼬집을 넣고 볶는다.

❸ 끓는 물에 칼국수면을 넣고 약 3분간 저어주며 익힌 후 찬물에 헹궈 물기를 빼준다.

❹ 팬에 기름을 두르고 달걀 프라이를 만든다. 오이는 채를 썰어 준비한다.

❺ 접시에 익힌 칼국수면을 담고 자장과 달걀 프라이, 채 썬 오이를 올리면 완성이다.

PART 7

맛있는 녀석들

제주도
Jeju-do

유채꽃, 벚꽃, 청보리까지 즐기는 4월의 제주여행

　4월의 제주에서는 유채꽃, 벚꽃, 청보리를 한번에 즐길 수 있다. 특히 가파도 여행을 추천한다. 봄이면 초록빛 물결로 물드는 가파도는 자전거를 이용해 섬을 한 바퀴 돌아볼 수 있다. 청보리 밭을 마음껏 즐기고 사진을 찍기에도 제격이다. 푸른 다리와 청보리의 초록빛이 완벽한 조화를 보여준다. 벚꽃 명소는 전농로, 제주대학교 진입로, 제주종합경기장이 제주 도민에게 유명하다. 봄이면 옛 도심지에 자리한 전농로 교보생명부터 남성 오거리까지 1.2km 구간에 벚꽃 물결이 춤을 춘다. 황홀한 벚꽃 터널을 즐기기에 이만한 곳이 없다. 성산일출봉 아래쪽 밭을 가득 메운 유채꽃도 놓치면 안 된다. 돌담과 어우러진 유채꽃은 제주도만의 무드를 완벽하게 연출한다. 온 섬이 거대한 꽃밭으로 변신하는 봄의 제주로 떠나자.

제주도

지리적 조건 때문에 쌀농사를 지을 수 없는 제주는 주로 잡곡 위주의 농사를 지어 왔었다. 섬이라는 특성을 살려 해산물과 다른 지역에서 쉽게 구할 수 없는 귀한 어류, 어패류를 중심으로 식문화가 발달한 것도 제주의 특징이다. 더불어 신선한 재료로 음식을 만들었기 때문에 자연의 맛을 간직한 요리가 많다. 짠맛이 강한 것은 더운 지역적 특징 때문이다.

1-3월	제주 세척 월동무
4-6월	제주 당근
10-12월	우도 땅콩

♥ 이건 한번 먹어봐!

제주   해녀들이 깊은 바다에서 잡아온 자연산 전복을 넣고 끓여 바다향 가득한 전복 삼계탕

★ 지역을 대표하는 음식

죽류	옥돔죽, 전복죽
국 찌개류	갈칫국
반찬류	옥돔구이, 오분자기 찜, 유채나물, 다금바리회, 흑돼지구이, 고기국수, 갈치구이, 갈치 찜

대동맛지도

1. 서귀포시 성산 — **성게미역국**(227p) ⭐
2. 서귀포시 대포 — **흑돼지 근고기**(230p) ⭐
3. 제주시 구좌 — **보말칼국수**(234p)
4. 서귀포시 서귀 — **튀김 유부 김밥 &꽁치김밥**(237p)
5. 서귀포시 중문 — **고기국수**(240p)
6. 서귀포시 안동 — **갈치구이**(240p)

맛 정보!
제주도에서는 성게가 들어가는 국물요리에 반드시 미역을 넣는다고!

입에 가기 전에
코로 먼저
영접하라.
- 문세윤 -

성게미역국+갈치구이

준현's Tip

1. 성게미역국에 밥을 만 후 잘 발라낸 갈치구이 살을 얹어 먹는다.
   (갈치 살은 손가락 한 마디 정도가 적당!)

성게알 초밥

1. 공깃밥에 간장 식초를 넣어 비빈 후 길게 자른 김에 밥을 올려 손할 모양으로 톡톡 만다.
2. 김밥 위에 신선한 생 성게알을 조심스럽게 올린다. 마무리로 성게알 위에 참기름 한 방울을 톡 떨어뜨린다.

성게미역국+게우젓

세윤's Tip

1. 성게미역국에 밥을 만 후 전복 내장으로 만든 '게우젓'을 올려 함께 먹는다.
   (성게미역국과 찰떡처럼 어울리는 제주도 특급 반찬, 게우젓!)

성게비빔밥+연겨자+쌈무

민경's Tip

1. 성게비빔밥을 야무지게 비빈다.
2. 쌈무에 성게비빔밥을 올린 후 연겨자를 얹고 말아준다.

서귀포시 대포 63회

두툼한 살에 육즙이 촤~악
흑돼지 근고기

세작팀 PICK

돼지고기와 멜젓의 환상 콜라보

근으로 고기를 재는 것에서 유래
6cm 이상의 두께로 팔리하며 부드럽고
진짜 고기 맛을 제대로 느낄 수 있음

제주도

흑돼지 근고기 + 꽃멸치 젓갈

준현's Tip

1. 잘 구워진 흑돼지 근고기와 꽃멸치 젓갈을 함께 먹는다.
2. 상추쌈으로 즐겨도 환상의 궁합!

흑돼지 근고기 + 금귤

미경's Tip

1. 제주산 금귤을 반으로 잘라 불판에 굽는다.
2. 껍질이 말랑해질 정도로 익으면 고기와 함께 먹는다. (생금귤에 흑돼지 근고기를 넣어 먹어도 꿀맛!)

김치찌개 술밥

세윤's Tip

1. 보글보글 끓는 김치찌개에 공깃밥을 넣고 잘 말아준다.
2. 불 위에 계속 올려둔 채 졸이며 먹는다.

흑돼지 근고기 + 콩가루

민상's Tip

1. 쫀득한 껍데기가 있는 오겹살 부위를 콩가루에 찍어 먹으면 고소함이 2배!

흑돼지 근고기 꼬치구이

준현's Tip

1. 꼬치에 고기, 방울토마토, 파프리카 등을 꽂아 스테이크 소스를 발라 굽는다.

제주시 구좌 64회

청정 제주 앞바다를 품은
보말칼국수

죽의 신강자 **보말죽**

와앙~

보말 내장의 맛이 진~한 **보말칼국수**

맛 정보!
고동의 제주도 사투리, 보말
보말 내장으로 끓여낸 육수를 사용해 진한
초록빛이 나는 게 제주도 보말칼국수의 특징

맛있는 녀석들의 더 맛있는 TIP!

보말 쌈장

준현's Tip

1. 다진 보말과 청양고추, 쪽파, 다진 마늘, 고춧가루를 넣는다.
2. 쌈장을 넣어 잘 섞은 후 보말칼국수 국물, 참기름과 함께 버무리면 완성! 따뜻한 쌀밥에 보말 쌈장을 비벼 한입 먹으면 꿀맛이다.

보말칼국수+무생채+고춧가루+참기름+깨

세윤's Tip

1. 밑반찬으로 나오는 무생채에 고춧가루, 참기름, 깨를 넣고 무친다.
2. 잘 무친 무생채를 보말칼국수와 함께 먹는다.

보말칼국수+다진 청양고추+고춧가루

민상's Tip

1. 보말칼국수에 다진 청양고추와 고춧가루를 넣어, 담백하면서 매콤해진 맛을 즐긴다.

보말칼국수+유부

민경's Tip

1. 꾸미 유부를 잘라 칼국수에 넣어 먹는다. 부드러운 유부의 식감이 칼국수와 환상적합!

서귀포시 서귀 120회

제주의 명물
튀김 유부 김밥 &꽁치김밥

튀김 유부 품은 김밥의 매력적인 맛

맛집엔 다 이유가 있어~!

세삼 깨달음

깜짝!

진심놀람

구운 꽁치 한 마리가 통째로!

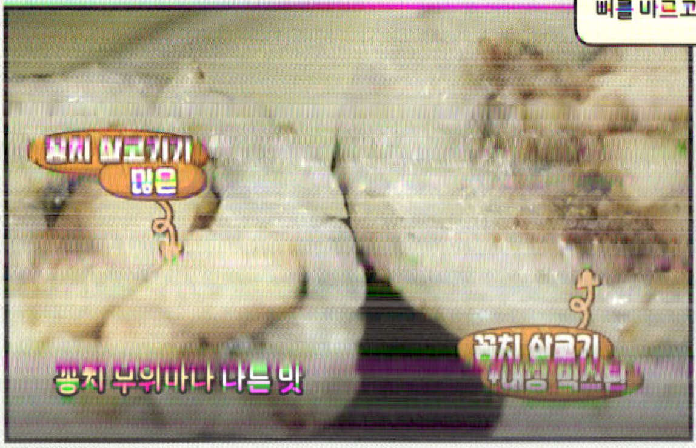

밥과 꽁치로만 이루어진 제주 올레시장의 명물, 꽁치김밥
뼈를 바르고 구운 꽁치 한 마리가 통째로 내 품에~

맛있는 녀석들의 더 맛있는 TIP!

김밥+3분 자장 소스+각종 차

준현's Tip

1. 따끈한 즉석 자장 소스에 김밥을 찍어 먹는다. 2. 각종 차 음료와 김밥을 함께 즐긴다.

'김밥+장어 소스+생강' & '김밥+불닭 소스'

민상's Tip

1. 김밥에 장어 소스와 생강 채를 곁들여 먹는다. 2. 불닭 소스에 찍어 매콤하게 즐긴다.

통으로 베어 먹기+컵라면

민경's Tip

1. 김밥을 썰지 말고 통으로 베어 먹는다. 2. 뜨끈한 컵라면과 김밥을 함께 즐긴다.

김밥+마약 소스

민경's Tip

1. 간장, 식초, 물, 설탕, 연겨자를 비율에 맞춰 섞어 만든 마약 소스에 김밥을 찍어 먹는다.

고기국수 & 갈치구이

서귀포시 중문&안동 169회

후루룩

제주도

맛 정보!

제주 갈치
최상품 은빛 갈치를 공수하기 위해 여전히
낚시로 잡는 전통 방식을 추구
간혹 낚시바늘이 있을 수 있으니
대가리와 내장 부위는 먹지 않는 것이 좋음

맛있는 녀석들의 더 맛있는 TIP!

'고기국수+후추+들깻가루+김 가루' & '고기국수+아강발'

준현's Tip

1. 고기국수에 후추, 들깻가루, 김 가루를 넣어 순댓국 스타일로 즐긴다.
2. 고기국수에 아강발을 얹어 도가니탕 스타일로 즐긴다.

'차가운 녹차 물+밥+갈치구이' & '뜨거운 물+밥+갈치조림'

세윤's Tip

1. 차가운 녹차 물에 밥을 말아서 갈치 살을 들며 먹는다.
2. 숭늉 스타일로 밥에 뜨거운 물을 부어 갈치조림을 들며 먹어도 GOOD!

'갈치 김 쌈' & '갈치비빔밥'

준현's Tip

1. 밥에 갈치 살을 올려 김에 싸 먹는다.
2. 밥에 갈치 살을 듬뿍 올려, 간장소스&참기름&김 가루를 추가해 비빔밥 스타일로 먹는 것도 GOOD!

갈치 초밥

민상's Tip

1. 밥 한 숟갈에 고추냉이&갈치 살을 올려 초밥 스타일로 먹는다.

갈치 살+갈치껍질

민경's Tip

1. 담백한 갈치 살과 노릇노릇한 갈치껍질을 함께 먹는다.

제주도

똥보 4인방의
휴게소 맛 찾기

비법 노트

휴게소 맛팁!

소고기 국밥

민상's 소고기국밥 맛있게 먹는 Tip

소고기국밥+소시지 +케첩+머스터드

① 휴게소 대표 간식 소시지를 한입 크기로 자른다.
② 케첩과 머스터드 소스를 휘리릭 뿌려 맛을 더한다.
③ 소고기국밥 위에 소시지 반찬을 올려 푸짐하게 즐긴다.(밑반찬 콘샐러드와 함께 즐겨도 GOOD!)

민경's 소고기국밥 맛있게 먹는 Tip

소고기국밥+매콤 어묵바

① 소고기국밥에 매콤 어묵 핫바를 넣어 함께 먹는다.

준현's 소고기국밥 맛있게 먹는 Tip

소고기국밥 +고추참치 통조림

① 소고기국밥에 고추참치 통조림 내용물을 넣는다.
② 밥반찬과 함께 맛을 보며 먹는다.

세윤's 소고기국밥 맛있게 먹는 Tip

소고기 비빔밥

① 큰 볼에 밥과 함께 국밥 속 콩나물, 무, 고기를 건져 넣는다.
② 고추장을 살~짝 넣어주고 참기름을 더한다
③ 아무지게 비빈 후 먹는다.
(꿀 Tip! 젓가락으로도 비비면 더 골고루 비벼진다.)

여행은 떠나는 순간부터 시작된다. 어떤 음식을 먹고 어떤 곳을 눈에 담는지, 그 모든 과정이 우리의 여행을 한 층 풍성하게 만들어준다. 그리고 여행의 가장 완벽한 파트너! 맛있는 녀석들을 빼놓을 수 없다. 일단 맛있는 음식을 먹으면 행복도가 높아지는 법! 특히 휴게소는 그냥 지나칠 수 없는 참새방앗간이다. 맛있는 녀석들만의 휴게소 및 휴게 비밀을 소개한다.

휴게소 간식

준현's 휴게소 간식 맛있게 먹는 Tip

휴게소 토스트 +추로스 계피 설탕

① 토스트에 추로스용 계피 설탕을 뿌려 먹는다.

민상's 휴게소 간식 맛있게 먹는 Tip

호두과자+바닐라 쉐이크 아이스크림

① 호두과자를 나무 꼬치에 끼운다.
② 그 위에 바닐라 쉐이크 아이스크림을 쭉 짜서 먹는다.

맛땅's 휴게소 우동 맛있게 먹는 Tip

유부우동+김치

① 유부우동에 김치를 넣어 더 칼칼하게 즐긴다.
② 우동과 돈가스 조합도 GOOD!
③ 자장면에 우동 면과 국물을 넣어 우짜 스타일로도 즐겨보자.

집에서도 한번 맛 내볼까?

맛있는 음식은 끝이 없지만, 그 정점 제주도를 빼놓을 수 없는 법. 제주도만의 스타일로 완성하는 한 끼 식사를 즐겨보자.

해물 돼지 갈비찜

음식 재료

마트 모듬 해물 1팩
마트 돼지 갈비찜 1팩, 양파 1/6개,
당근 1/3개, 대파 1/3개,
다진 마늘 1/5 소주잔,
올리브 1/2개, 고추가루 1/5 소주잔
설탕 1/4 소주잔, 간장 1/5 소주잔

만드는 방법

❶ 모듬 해물은 깨끗이 씻어 물기를 빼서 준비한다

❷ 양파는 삼각형 모양으로 썰고, 당근은 1/4 등분한다.

❸ 대파는 반으로 잘라 놓고, 홍고추는 어슷하게 썰어둔다

❹ 팬에 모듬 해물을 볶다가 돼지 갈비찜과 양파, 당근, 다진 마늘을 넣어 함께 볶는다.

❺ 볶아진 갈비찜에 고춧가루, 간장, 설탕, 대파, 홍고추를 넣고 끓인다
   재료가 천천히 익으면 그릇에 담아 마무리한다.

고기국수

음식 재료

마트 수육 1봉지, 국수 1인분,
대파 1/3개, 청양고추 1개,
마트 사골국 1봉지, 소금 두 꼬집

만드는 방법

❶ 물에 국수를 넣고 끓으면 찬물을 부어준다. 이렇게 끓을 때마다 찬물 붓기를 세 번 반복해 삶으면 국수가 쫄깃해진다. 삶은 국수는 찬물에 여러 번 헹궈 물기를 빼준다.

❷ 대파와 청양고추는 동그랗게 썬다.

❸ 끓는 물에 수육을 살짝 데쳐 기름기를 제거한다.

❹ 냄비에 사골국을 끓이다가 삶아 놓은 국수를 넣어 살짝 끓여준다.

❺ 끓인 국수를 건져 그릇에 담고 수육 고기를 올린다. 여기에 대파와 청양고추를 가득 넣는다.

❻ 뜨거운 사골국에 소금 두 꼬집을 넣고, 국수에 부어주면 완성이다.

맛있는 녀석들 먹어본 사들이 알려주는 전국 맛 가이드!

2020년 2월 10일 1판 1쇄 발행
2021년 1월 5일 1판 3쇄 발행

지은이 | iHQ 미디어
레시피 정리 | 장형심
펴낸이 | 이종춘
펴낸곳 | BM (주)도서출판 성안당
주소 | 04032 서울시 마포구 양화로 127 첨단빌딩 3층 (출판기획 R&D 센터)
      10881 경기도 파주시 문발로 112 파주 출판 문화도시 (제작 및 물류)
전화 | 02)3142-0036
      031)950-6300
팩스 | 031)955-0510
등록 | 1973.2.1. 제406-2005-000046호
출판사 홈페이지 | www.cyber.co.kr
ISBN | 978-89-315-8903-0 13980
정가 | 17,000원

이 책을 만든 사람들
책임 | 최옥현
기획·편집 | 김수연, 이보람
디자인 | 엘리펀트스위밍
국제부 | 이선민, 조혜란, 김혜숙
영업 | 구본철, 차정욱, 나진호, 이동후, 강호묵
홍보 | 김계향, 유미나
제작 | 김유석

이 책의 어느 부분도 저작권자나 BM (주)도서출판 성안당 발행인의 승인 문서 없이 일부 또는 전부를 사진 복사나 디스크 복사 및 기타 정보 재생 시스템을 비롯하여 현재 알려지거나 향후 발명될 어떤 전기적, 기계적 또는 다른 수단을 통해 복사하거나 재생하거나 이용할 수 없음.

■도서 A/S 안내

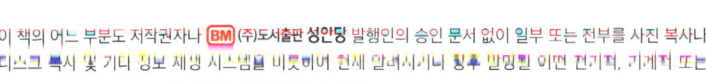

성안당에서 발행하는 모든 도서는 저자와 출판사, 그리고 독자가 함께 만들어 나갑니다.
좋은 책을 펴내기 위해 많은 노력을 기울이고 있습니다. 혹시라도 내용상의 오류나 오탈자 등이 발견되면 "좋은 책은 나라의 보배"로서 우리 모두가 함께 만들어 간다는 마음으로 연락주시기 바랍니다. 수정 보완하여 더 나은 책이 되도록 최선을 다하겠습니다.
성안당은 늘 독자 여러분들의 소중한 의견을 기다리고 있습니다. 좋은 의견을 보내주시는 분께는 성안당 쇼핑몰의 포인트(3,000포인트)를 적립해 드립니다.

실수 박식대한 셀러나 주문 등이 필수가 가슴에는 개위에 드립니다.